近看
American
Education
美国教育

陈　晚◎著

人民东方出版传媒

东方出版社

图书在版编目（CIP）数据

近看美国教育 / 陈晚 著 . —北京：东方出版社，2019.7

ISBN 978 - 7 - 5207 - 0522 - 6

I. ①近… II. ①陈… III. ①教育研究－美国 IV. ① G571.2

中国版本图书馆 CIP 数据核字（2018）第 177001 号

近看美国教育

（JINKAN MEIGUO JIAOYU）

作　　者：陈　晚

责任编辑：袁征宇

装帧设计：汪　阳

出　　版：东方出版社

发　　行：人民东方出版传媒有限公司

地　　址：北京市东城区东四十条 113 号

邮政编码：100007

印　　刷：环球东方（北京）印务有限公司

版　　次：2019 年 7 月第 1 版

印　　次：2019 年 7 月北京第 1 次印刷

开　　本：710 毫米 × 1000 毫米 1/16

印　　张：18.5

字　　数：170 千字

书　　号：ISBN 978-7-5207-0522-6

定　　价：50.00 元

发行电话：（010）85924663　85924644　85924641

目　录

第一章　客观解读美国中小学教育

第二章 道不尽的美国教育话题

第三章 美国高中生如何看待中国小留学生现象？

第八章　中国式英语教学与美式英文特点

第九章　中美教育与文化差异的思考

自序：这本书究竟写给谁看？

　　中国的教育问题，已经引起了众多学者专家和普通家长的极大关注。作为一名留学生和三个孩子的家长，对中国的教育问题，我也时常在思考中。加之我亲友家的大部分孩子如今都在中国或求学或就业，通过和他们的交流以及我自己的观察，毫不夸张地说，虽然我远在大洋彼岸，我对中国的教育却感同身受。

　　正是由于上述的原因，当编辑约我写书时，我毫不犹豫地接受了邀请。虽然我本人偏爱文字，尤其喜欢文学，但大洋彼岸的教育问题，确实牵挂着我的心，让我不得不放下手中的小说和诗集，却在教育图书和众多的网络信息中，专心寻找和中国教育有关的重要话题。

　　长期以来，在中国的教育环境中，许多人已经习惯把孩子是否能上名校作为评价孩子是否成功的唯一标准。在这个"成功"标准的指挥下，学校老师只重视成绩好的孩子，因为这些孩子能给学校带来荣誉。而那些成绩差的孩子，就顺理成章地成了班级里的"困难户"。他们不仅受人歧视，他们本人对自己也缺少基本的信心，对未来更是彷徨无助。

我去年回国时的亲眼所见，充分证实了我的这些担忧。有一天，我到我曾经就读的初中听了一次课。在课堂上，我亲眼看到了学者和专家们提到的教育问题。听课那天，我坐在教室的最后一排。在听课期间，我发现一个有趣的现象。在整节课上，坐在我身边的小男孩几乎都在趴着睡觉，而在前面滔滔不绝的老师，对这个男孩更是理都不理。我看着实在心疼，悄悄地对男孩说："你的书呢？快把书拿出来，听老师讲课呀。"在我与小男孩对视的几秒钟之内，我分明看到了小男孩眼中的一丝无奈。听了我的建议，他乖乖地把书拿出来，开始听老师讲课。

过后我才知道，在中国的有些学校里，坐在最后一排的学生可能都是差等生，他们都是同学不亲老师不爱的孩子。我恍然大悟，中国老师只关心好学生，而老师对差等生采取的就是放羊法。坐在我身边的那位男孩子，也就十岁左右吧。这么小的年龄，就已经被未来的社会淘汰了，我真是感到心痛。我为这个小男孩，也为中国无数个这样的孩子感到心痛！

中国的教育系统根深蒂固，要想改革现有的状况，一朝一夕肯定难以完成。在这种令人担忧的教育体系中，中国家长应该采取什么样的积极态度，才不至于让我们的孩子们受伤？在中国的学校里，后排究竟坐着多少差等生？

当孩子在学校成了边缘学生时，家长该怎样做才不至于让孩子自甘堕落？成绩不好的孩子，进不了名校的孩子，是不是早早就被判了"失败"的"死刑"？家庭是孩子成长的第一课堂，家庭教育从胎教期就已经开始了。虽然中国的教育危机令人担忧，但中国家长的教育方法是否也存在着弊端？对孩子不切实际的过高期待，对孩子口不择言的指责，是不是也会把孩子早早就推到了破罐破摔的境地？

我在一边思考一边写书的过程中，不禁想起美国学校和美国家长对孩子的态度。如果我能把我对美国教育的观察，介绍给大洋彼岸的家长和教育工作者，我是不是能为中国的教育改革尽些微薄的力量？在美国，名校固然引人注目，但孩子是否进名校，并不是评价美国孩子是否成功的唯一标准。仅凭这一点，就值得中国教育系统借鉴。在美国，能进名校的孩子固然让人钦佩，但进不了名校的孩子并不自卑。

当我梳理这些简单的事实时，我对这本书的读者，有了未曾谋面也亲切的感觉。在征求网络读者意见后我得知，大部分朋友喜欢用故事的形式述说美国教育。为了尊重读者的意愿，我把我自己对中美教育的思考和困惑如实写出，供读者朋友们参阅批评思考。关于阅读对象，这本书并不是仅以有意出国的学生家长为对象，也适合所有的中国家长参阅思考。

人们对中国教育的关注，是超越社会地位和收入的。

无论家长的社会地位如何，大家对教育的共同关注和对自家孩子未来的希望和规划，时时刻刻都在牵挂着家长的心。如果父母不能把自己的孩子教育好，任何金钱和地位都无法治愈家长这种心中无声的痛。正是由于这个原因，关注孩子，关注教育，是每个家长责无旁贷的最重要的任务。谁都不希望因为中国教育在一些方面的弊端而影响了我们对下一代的全面引导与培养。

这本书，是我为中国教育建言献策的一个真实写照。我并不期待所有的读者都能完全认同我的观点，但我希望这本书能够抛砖引玉，让大家一起关心中国教育，关心可爱的孩子们！

第一章

客观解读美国中小学教育

1. 美国开学第一天

对世界上任何角落的任何家长来说，每年秋季的开学日，都具有不同寻常的意义。经过一个暑假的休息娱乐和调整，孩子们又要升入高一年级啦。和中国相比，美国学校开学第一天的风景比较独特，具体表现在如下几个方面：

（1）美国各地中小学开学日并不一样。比如美国加州和马里兰州的开学日至少相差十天左右。因为全美学校没有固定的开学日，美国的主流媒体就不会在特定的某天，特意为中小学的开学制作特别的大型节目。

（2）美国学校的班主任一年一换。比如美国小学并没有从一年级一直跟到五年级的班主任。所以每年秋天开学的第一天，美国孩子们看到的都是新老师的新面孔。

（3）美国学校开学第一天，学生们不会把一大堆课本带回家。美国的中小学教育基本属于"润物细无声"型的，老师们不会在开学第一天就把学生的肩膀压垮。很多课本是在学校循环使用的，也有一些补充教材都是一页一页的复印资料。

除了上面所言的几大事实，美国中小学在正式开学前，通常要有一个被我称之为"热身日"的热身活动（open house）。在这一天，孩子和家长要去学校和老师见面，熟悉教室，并把新学年所需的文具用品带到学校整理归位。同时，家长还要填好学校所需的各种表格。

除非特殊情况，美国家长对分班基本采取完全服从的态度，送礼走后门以便让孩子进好班的情况并不普遍。开学前几天，学校会把分班表贴到学校的大门上，家长和学生会根据分班表找到自己的教室。此外，开学前，学区会以电子邮件的形式，通知家长并转告学生需要注意的事项。比如，如何注意交通安全，如何及时更新免疫记录，新学年在课程安排上有哪些新变化，等等。电子邮件是美国学校和家长保持沟通的常用渠道，除非紧急情况，美国老师很少会给家长打电话，老师和家长以书面的电子邮件交流为主。

早在暑假前，孩子们就已经拿到需要购买的文具清单（school supplies）了。大约开学前两周，附近的商店会配合开学前的活动，及时提供大量价格低廉的文具货源。如果家长为了省事，也可以直接从学校购买打包配套的文具用品。比如我家小宝，就是在暑假前从学校订购的新学年用品。

美国人特别重视孩子们的安全问题。在"热身日"那天，家长们必须要填写紧急信息卡片（Emergency Card），主要提供学生的家庭地址、电话、紧急状态时的联系人，孩子家庭医生的信息，等等。此外，家长们还要提供值得信任的亲朋好友联系方式，以备不时之需。

　　除了上述这些常规活动，美国的初中还会多一个"小插曲"。从小学到初中，孩子们仿佛经历了一个从慢走到快跑的飞跃。无论是功课数量还是作息时间，都与小学有所不同。美国初中最明显的装备，就是那个供学生们免费使用的储物柜(locker)。这种杂物柜，美国小学是没有的。

　　无论是初中还是高中，美国学校的杂物柜都是无锁加密的。开启时，学生需要使用学校事先提供的密码。我家二宝所在的初中，在"热身日"那天，学校最热闹的地方就是这个杂物柜区。为什么呢？学生们要操练怎么用密码打开这个柜子呀。开柜子这事儿，对大人来说易如反掌，但对刚上初中的孩子们来说，就是个需要探索的新生事物。孩子们就是在这些点点滴滴的学习中，在慢慢积累着生活经验。

　　经过这些热身活动之后，开学第一天，学校的秩序忙而不乱，呈现出一幅井然有序的样子。美国学校的免费校车，会把孩子们及时送到学校。家长们也可以自己开车或步行送孩子上学，并和孩子共同迎接开学的第一天。

　　开学第一天，还有什么新鲜事儿吗？当然有啦。为了保证孩子们的安全，美国警察在开学前后会秘密潜伏在学校附近，专门对付超速的美国人民。原本限速35迈的公路，在学校附近突然减速为25迈，你要是稍有不注意，肯定超速。今天我刚放下国内的长途电话，心急如焚送儿子上学时，不幸闯入了警察"埋伏区"，无意中以时速 43 迈被警察阿姨逮个正着，并被处以 140 美元的加倍罚款。

美国学校对功课的重视，并不比中国学校差。开学第一天，我便收到一封学校来信。学校领导在信中语重心长地说，"调查显示，家长的参与和督促，对提高学生成绩至关重要。所以，我鼓励各位家长要积极参与到孩子们的教育大业中来"。（As a parent, you have a critical role in ensuring your child's academic success. Research shows that students whose parents are actively involved in their education do better in school. Therefore, I encourage you to stay informed and stay involved in your child's education.）

学校校长发来的这个告示，仿佛就是勒在家长和孩子脖子上的一根小绳儿。校长都发话了，好好学习，天天向上吧，孩子！

中国孩子在美国学校上学，是鹤立鸡群，还是饱受歧视，这和孩子所在的学区大有关系。我们所在的这个学区，共有中小学 72 所，学生近五万人。学生来源代表着世界各地的移民后代。即使是无家可归者的子女，都能享受到这里的免费教育。在这样的环境下，我们基本不会担心孩子们在学校会当受气包儿啦。特别有趣的是，我家小宝所在的班级，一共 21 人，其中居然有八位中国孩子。瞧瞧，中国同胞们再加把劲儿，中国孩子快能独立开个中文班啦。

每年秋季开学，美国家庭对孩子们的开学也都是非常轻松淡定的。美国孩子不懂什么叫输在起跑线上。开学第一天，是美国孩子们背着书包高高兴兴上学堂的好日子，也是美国家长们期盼孩子们继续成长的又一个新起点。

2. 美国小学生这样写作文

中美教育对比，似乎有无尽的话题。比如小学生写作文这种事，中国和美国学校也大不一样。一位中国家长最近给我留言说，为了辅导家里的小学生写作文，她特意读了很多作文技巧书。这位妈妈希望自己能慢慢把作文技巧灌输给孩子，争取让孩子得高分。美国小学生写作文，似乎没有这么费劲，小学生靠妈妈辅导写作文这种事儿也不太常见。

我家小宝在五年级时写了一篇作文，通过他和我聊天儿交流的过程中，我对美国小学的作文要求有了进一步的了解。据小宝介绍，他们的命题作文是：和同伴一起发明一件新产品，写出发明这件新产品的必要性和创新性，然后再写出一个广告来推销这件新产品。瞧，虽然这是个命题作文，但全班同学上交的作文却完全不一样。因为不同学生要发明不同的东西，完全一样的作文题或者作文内容，会被老师打上剽窃的标记。

为了发明这件新产品，老师把学生分成若干个两人小组。每组内的两个孩子在一起讨论，决定要发明的产品。达成共识以后，这两个孩子开始动笔写作文。小宝去纽约时曾经领略过找厕所之苦，他想发明的新产品是简单便捷又便宜的大众使用的尿不湿，小宝希望这种尿不湿可以让游客在24小时之内不用上厕所。跟着小宝的思路，他的同伴想发明的新产品是隔音内裤（sound-proof under-wear）。这种内裤能有什么好处呢？原来小宝的这位同学可能因为消化不好，时常会放屁，有了这种隔音内裤，他放屁的时候就没有人能听见了。

隔音内裤，多么有创意的新产品！小宝和同学经过讨论，最后决定他们想发明的新产品为隔音内裤。之后，他们开始动手写作文，描述发明这种内裤的必要性和可行性，另外还要讨论这种内裤对大众的益处。最后他们还要讨论设计材料，核算成本，估价，然后再写个推销广告。瞧，这种写作文方法，会激发孩子们调动所有的大脑细胞。只要设计合理，自圆其说，老师会鼓励所有的新产品。同一命题，不同的作文，这对老师和学生来说都是一种考验和历练。

根据这个例子，我们不禁要问：美国小学生写作文和中国小学生写作文的最大不同是什么？显而易见，美国学校鼓励个性化思维，作文没有固定的模式，美国小学生不需要参考任何作文书，就能写出100分的作文来。而中国学校主张集体化效仿，谁对范文模仿的好，谁就有可能得高分。中国孩子写作文，有点儿画地为牢的味道，很难写出"海阔凭鱼跃，天高任鸟飞"的个性鲜明的作文。

美国小学这种普通的写作课，不仅可以锻炼孩子们写作能力，也可以间接培养学生们的独立思考能力。提升中国学生的创造力，一直是各类教育专家、学者关注的话题。根据美国小学作文课的要求，我们可以看出，创造力的培养，不一定完全专属理科教育。即使是文科类的写作课，也能提供培养学生创造力的机会。

由于中美教育制度和国情的不同，中国学校很难全面复制美国教育。但这并不意味着中国教育对美国教育是完全绝缘的。比如像美国学校的这种作文方式，如果中国学校能有所借鉴，那么中国孩子的独立思考能力和创造力是不是会有所改变和提高呢？我觉得答案是肯定的。乐观地说，只要中国学校给学生提供自由思考的机会，中国孩子肯定都是好样的。

3. 读美国小学五年级作文有感

不久前，我家五年级的小学生嚷嚷着要去社区图书馆借关于电影特技方面的书。这是干啥呀？咱家地方小，全家上下没有会表演的人，照猫画虎咱都不会，玩儿什么电影特技呢？小宝一听我在逗他玩儿，赶紧给我解释，他借电影特技书是为了做写作课题（project）。

在美国，Project（课题）这个词简直被用烂了。从小学开始，美国娃娃们就得慢慢学会做课题了。据小宝介绍，他们的语文老师让全班同学一人找一个课题。所有同学都从零开始，以纸上论道的方式，每人要解决一个研究课题。

记得我在中国读中小学时，所有的作文课总是搞一刀切，全班五十几人全都围着一个作文题转悠。常常有中国的教育学家对中国学生的创造力担忧。在我看来，中国学生创造力的提高首先得从思想解放做起。比如让学生自由选择作文题，就是最简单的思想解放运动。如果孩子们的大脑被捆住了，他们的眼睛再机灵，手脚再利索，也很难创造出活跃的思想。

根据我对小宝的简单采访，我得知他们的这个作文题目任选。美国孩子本来就思想活跃，一旦让他们自由发挥，作文内容的范围之广，真会让人感到惊奇。比如为了对付这个美国小学五年级作文，有的学生研究动物（猪，马，牛，狗任选），有人研究植物（大树，小草，鲜花随你挑），有人研究政治（共和党，民主党你看着办），有人研究医学（内外妇儿精神病可供选择），有人研究作家（诗人，小说家，散文家五彩缤纷），有人研究天文学（太阳，星星，月亮，火星，金星让你眼花缭乱）。瞧，全班二十几个学生，通过搞作文课题这种方式，真的可以达到上通天文下通地理琴棋书画无所不包的境界了。

值得一提的是，虽然作文题目可以天马行空，但美国小学老师对不同作文的评分标准却是严格统一的。不久前，我刚刚上完一门美国大学写作课，我对美国大学老师的作文评分标准可谓是了如指掌。我再对照一下小宝老师的评分标准，我吃惊地发现，美国小学老师和美国大学老师的作文评分标准居然基本一致：作文引言（introduction），内容（contents），结尾（conclusion）的模式，几乎一模一样。

如此这般的评分标准，你不觉得很有趣吗？如果认真服从这个作文评分标准，美国小学生能写出大学生水平的作文，就根本不奇怪了。这也可以解释为什么时常会有国内外家长慨叹美国小学生写的作文真不简单。以我家小宝为例，为了应付这篇作文，他做的努力几乎和美国大学生一模一样：去图书馆借书，到网上查资料，分析搜集到的资料，写提纲，正式写作文，为文章配图。

我刚刚读了一下小宝写的作文，感受颇深，反正我在中国小学五年级时，肯定是写不出这样的作文的。如同小宝老师的评语所示，他的作文内容之广，文章之流畅，可谓全优。看了美国小学老师对小宝的作文评语之后，我不禁想起了美国大学老师对我作文的评语，两位老师的评语几乎也是一模一样的。

经对比一看，我总算弄明白了，好好写作文，要从娃娃抓起。美国孩子只有在小学时就好好练习写作文，上大学时才能与时共进。假如眼下的中国小学生有意将来赴美读大学，孩子一定要从现在就开始，要按照美国的作文要求好好练习写作文了。只有这样，才能避免将来初来异国留学时的挫折感。

附注：我家小宝下面的作文得了 99 分。除了少数的几个单词没大写，老师几乎没挑出什么错。以下为作文的中文译文：

电 影 特 效

特效创造了实景拍摄电影的奇幻，但它们的制作十分复杂。它们创建了不可能在现实生活中拍摄到的东西，像《哥斯拉》或《科学怪人》。特殊效果的研究是重要的，因为它会让你意识到，它使用包括 CGI[①] 的多种技术有可能创造出任何东西，如外星人、鬼、爆炸和神奇乐园！我将回答诸如如何真正创造效果、如何把人类变成非人类生物、电影中的枪是否真实等问题。特殊效果是为什么我们会有精美绝伦影视作品的主要原因。

有许多方法制造电影中的视觉效果。人们使

---

① CGI：全称 Computer Generated Imagery，即电脑生成动画，被广泛运用于电影、电视、视频游戏、互动多媒体等领域的计算机图像技术。

用所谓的机械效果（也称为实际或物理效果），也就是他们使用机械化道具，像景物、比例模型、动画、烟火（火）和气候（天气）效果。包括炸毁汽车或建筑物的一些例子。它们可以用于增强打斗场面，如突破门、墙等。当今的电影人更多地使用 CGI。CGI 可以放入场景和装扮中。有多种技术来创建视觉效果！我过去常想有些效果是"真实的"，而不是全都由计算机生成的。例如，气候机器制造雨、雾、风、云等。我也想到更多应用 CGI 技术合乎情理，因为我了解到，随着技术的发展，CGI 会更低廉经济，也更安全。人们使用特效来创造环境和超酷的科幻景物，但你也可以用它们来创建非人类的生物。

特殊效果用于酷的事情，如爆炸，但他们同样可以应用特效使普通人变成超自然的东西。电影制作人使用一种叫作假体化妆技术做到这一点。首先，电影人从身体某个部位（经常是脸部）取用于制作假体的初始模型。初始模具是用人造海藻胶制作的。最近，他们采用了有利于皮肤安全的硅橡胶。坚硬的母模创制于初始模型的上面以利于支撑。为了看上去逼真，边缘一定要尽量完美。我从来不知道电影中一些非人类生物是真实的人。我过去总以为他们是电脑生成的。

《黑衣人 3》中从男子变鲍里斯野兽就是一个例子。当发现有些男女演员戴上面具扮演非人类角色时，我也很惊讶。我曾经以为化妆是用画刷什么的直接在他们的脸上涂抹。当你终于明白一切时，你在屏幕上看到一个狼人后你就不会尖叫。

具有特殊效果的场景并不总是现场拍摄机械化的道具，有时你需要用计算机合成出特效。色键合成或色度键控，是基于颜色的色度，将两个图像或视频流合成（分层）的电影后期制作特效技术。实景拍摄期间经常使用机械效果。导演也应用 CGI 增加特效。有时他们要拍摄一些不存在的景物，于是他们在计算机特效中合成它，真实再现他们要拍摄的想象中的景物。许多东西的视觉效果是惊人的，比如爆炸等。

我一直想知道电影中的武器和枪械是否真实，我好奇他们在什么时候需要它们。你在屏幕上看到的武器可能仿佛似道具，但我了解到有些导演使用的是真武器。虽然武器是真实的，但他们几乎全部是发射空弹。叫 Bapty&Co 的电影武器装备供应商供给电影人一些老炮或甚至是现代的来复枪。供应商们探讨他们为一个角色应该使用的武器，然后制造武器的军械师决定将使用怎样的武器以及他们需要什么样式的枪。很多枪包括橡胶枪、实用枪、非实用枪等。他们在可以使用枪械之前，必须经过政府许可。我从来不知道，有时人们使用真枪，因为我认为那不安全，但之后我了解到他们通常发射空弹。我也觉得，他们所使用的武器全部是由自己制作的，但通常却是由武器供应商负责供货。枪械和武器对科幻类电影具有极大的影响力。

针对年轻男女演员的电影老龄化妆是最伟大的技巧之一。导演和制作艺术家用像泡沫乳胶眼袋、下垂的嘴唇或下巴一类的化妆道具。他们可以应用这些技巧让人们喜爱的33岁达斯汀·霍夫曼在电影《小巨人》中看起来像九十岁的老男人。人们习惯于使用内置皱纹和凹陷的面具。最简单的事情是让头发变成死灰色或其他颜色。有时如果男女演员不想让他们的脸比较老相，可以使用修补技术。电影导演用金属丝缠绕下颌牙，双侧有塑胶牙套撑起双颊的下部，给人以面颊丰满的印象。我过去总是认为电影里的老人真的是老年人，但有时他们只是在年轻人的脸上化了妆而已！当我发现你可以给你的脸化妆出皱褶时，感觉很酷。最终事实证明，年轻的男女演员可以变成100岁。

当拍摄不存在的东西时，恰好可以应用特

效。我的研究表明，可以用机械化的道具，创建特殊效果，假体组装成非人类的生物，电影中的枪械通常是真实的。特效对当今的电影影响巨大。特殊效果不只用来增强电影视觉冲击力，它们还被用来震撼我们的头脑和想象力。

4. 美国参议员走进小学课堂参与教学

无论哪门学科，我们学区所在的小学，一直提倡灵活多样的教学方式。比如，学校乐队去巴尔的摩港口为游客义演，学校组织活动参观华盛顿的博物馆。诸如此类的课外教学，不仅开阔了学生们的视野，也陶冶了孩子们的艺术情操。每当有类似的活动时，我都为家里的孩子们感到骄傲和自豪。是的，地处美国首都华盛顿和港口城市巴尔的摩附近，我们这里各种文化设施齐全。孩子们走出课堂一看，外面的世界真的非常精彩。除了课外教学，美国小学的课堂教学也有着各种各样的不凡内容。比如，最近在小学五年级的社会科学（Social Studies）教学中，美国马里兰州的参议员阿兰（Allan Kittleman）亲自走进课堂，和美国小学生进行了面对面的平等互动与交流。

为了更好地观摩由美国参议员参与的这次课堂教学，在我家小学生小宝的帮助下，我事先做了一些背景资料调查。据了解，在美国参议员参与的五年级社会科学教学中，有五个单元（Units）的内容，共囊括四大话题：殖民时期的美国（Colonial America），美国革命（the American Revolution），建立新国家（Build a New Nation）和公民的义务与权利（We the People）。根据教学大纲提示，美国学校的这些教学内容相当于我们中国学校的历史课。众所周知，中国历史课的教学方法基本就是填鸭式的，老师讲，学生背，一个学期下来，历史课就这样被灌输完毕。

那么，这个由美国参议员参与的课堂教学，会有什么新花样呢？怀着好奇的心情，我进一步了解到，根据老师的要求，全班学生共分为五组，每组的五名同学要公开演讲其中的一个话题。美国参议员及其两位同僚的任务，就是给学生们的演讲打分，并在学生讲演之后向学生提问。参议员和美国小学生的这种交流方式有一个专用名称，它被称作模拟国会听众会（Simulated Congressional Hearing，SCH）。

这个听众会轮廓看似很简单，但孩子们需要在课后进行大量的准备。以我家小宝为例，他们组的五位同学，早在两个月前就开始准备这个讲演了。为了不耽误在学校的学习，这五位小学生课后通过电子邮件联系，确定每人要演讲的内容，并在一周前集中在一起排练演讲过程。身为家长，我旁观了我家孩子和同组同学联络交流的种种过程。通过观察，我发现这种学习方式的益处之一，可以培养孩子们之间的团队合作精神，同时也可以培养孩子们的责任心。你想想，像准备演讲大纲这种事情，老师根本就不管。如果孩子们没有自我管理的责任心，由五名学生同时参加的演讲，根本就无法进行下去。

当我走进美国小学课堂，亲自旁听这场演讲之后，我进一步总结出，这种教学方式至少还有以下几大好处：

第一，培养孩子们公开口头表达能力。面对着美国参议员和全班其他同学进行的公开讲演，不好好练练嘴皮子是不行的。而且演讲有时间限制，每组的五个学生事先要商量好，谁做开场白，谁做结束语，谁做中间过渡。只要第一位学生一发言，演讲必须要滔滔不绝地不间断说下去才行。任何一个人的口头表达能力欠佳，都会影响本组的分数和综合表达。所以说，为了这场只有几分钟的演讲，孩子们在业余时间做足了功课。台上一分钟，台下一小时，这样说应该不过分。

第二，训练孩子的随机应变能力。讲演完毕，就是美国参议员向孩子们提问的时间了。这种提问，没有事先准备和预习，完全是随机性的一问一答。这种问答方式，也是模拟国会听众会的精华所在。如果在问答过程中，同组的同学对答案有不同的看法，可以反驳和补充，但又不能伤了大家的和气。在我看来，这种问答难度挺大。可喜的是，这五个学生协调得非常好。比如，参议员问到，网上投票选举有什么利弊？公民参加选举的最低年龄到底多大岁数才合适？关于投票的年龄，有的孩子说，18岁足够了。同一组的另外同学却认为，21岁才合适。不管哪种看法，只要提供各自的理由，就算对答成功。我家小宝特别逗，当别人说18岁可以投票选举时，他却认为18岁的公民还不成熟，应该到21岁时才合适。为了支持自己的观点，小宝同学拿自己的姐姐当例子，说18岁的公民还是孩子，他们爱玩儿，爱开Party，不能让他们稀里糊涂去投票。小宝发言结束后，参议员以微笑表示接受他的理由。

第三，培养孩子们的自信心。演讲结束以后，参议员和他的两位同僚总结了孩子们的发言，至少给每个孩子指出一个他们独特的优点。这种表扬，不仅让孩子们开心，也提升了他们的自信心。比如，有一个问题是，如果公民对政府的政策不满，哪些渠道可以释放这些不满并引起政府的注意？每个孩子都提出了自己表达不满的方式，我家小宝想采用的方式是，白宫前和平抗议。呵呵，每次去白宫参观，我们总能看到抗议人士，小宝估计是受到这个启发了。小宝同学的这种抗议法，得到了参议员的重点表扬，小宝为此感到非常自豪。演讲结束后，这三位同僚和每个孩子一一握手，让每个孩子都赢得了一份小小的尊重。

我第一次观摩这种教学方式，由此而发的感触是巨大的。难怪美国大学生都那么能言善辩，原本他们在小学时就受到这种演讲训练了。难怪美国孩子总是那么自信，因为他们从小就被长辈尊重。难怪美国孩子不惧怕官员甚至是总统，因为他们从小就知道官员很和善很普通。难怪美国孩子回答问题时总爱面带笑容，因为他们从小就知道无论答案如何，就连美国参议员都不会批评他们。观摩了这场模拟听众会以后，我对美国小学历史的教学法有了新的认识。我终于认识到，不死记硬背，也可以把历史学好。历史类的功课，不一定总是那么枯燥。

5. 统考前，美国某小学这样给学生加油

昨天收拾儿子的书包，我发现一个有趣的学校告示。

亲爱的家长们：

你的孩子本月要有一个州内统考。这个考试耗时长，内容广，很多孩子内心紧张不安。

为了在考前让孩子们放松，我们有三大建议：1. 考前让孩子休息好，2. 考试当天吃好早饭，3. 准时到校。

除此之外，我们在统考的前一周，会有一个特殊的穿衣活动（dress for success）。学生们每天要分别穿一件有特殊含义的服装，我们将用这种方式为孩子们加油。

星期一

学生们穿睡衣和室内休闲鞋上学。这会提醒孩子们，考试前要有足够的睡眠，考试当中要记住放松心情。

星期二

学生们要穿水果色的衣服。这会提醒孩子们，考试当天要吃健康的早餐。

星期三

学生们可以全身着黑色服装上学。当学生们回答问题时，他们要切记把多选题的答案圈圈彻底涂黑。黑色可以提醒他们这些。

星期四

今天学生们上学穿衣时可以作怪，他们可以把衣服的前后面反着穿。这会提醒孩子们，回答完问题后，要返回前面去检查答案。

星期五

学生们可以穿他们喜欢的运动衣裤。就像将要参加体育比赛似的，这种运动装可以提醒孩子们在考试时要力争做到最好。

众所周知，马里兰州的中小学教育在美国是名列前茅的。我家所在学区的中小学，多次接待过前来参观学习的中国直辖市重点学校官员。以统考为例，对这种高度紧张的智力测验，我们这里的美国学校，以轻松的穿衣活动为学生们加油，还真值得人借鉴。

6.美国小升初的点点滴滴

漫长的暑假终于结束了，我的三个孩子都迎来了各自的开学日。大宝今年秋天上大三，开学前一星期，她就回校归队了。大三功课任务重，提前回校可以更早预习功课争取获得好成绩。二宝今秋上高三，她面临着即将参加美国高考（SAT）^①的挑战。不知不觉中，当年的小娃娃们都长大了。要说我家今年变化最大的孩子，当属十一岁半的小宝。因为从今秋开始，小宝不再是蹦蹦跳跳的小学生了，而是一名实实在在的中学生了。从小学到中学，开学前后的小宝，都做了哪些准备呢？

开学前两天，小宝所在的初中召开了学生和家长动员大会。动员大会，是中国特色的用词。虽然美国学校并没有动员大会一说，但美国学校的 Orientation Meeting 基本就是动员大会的意思。在这一天，家长带着孩子去学校认识各科老师并熟悉校园和教室。也是在这一天，学校各年级的各科老师会站在大礼堂主席台前简短地介绍自己，还有几名高年级的学生代表向今年入学的新生介绍学校的课后团体和学习生活。在那天的动员大会上，人潮滚滚，座

---

① SAT：全称 Scholastic Assessment Test，即学术评估测试，是美国高中生进入美国大学的标准入学考试。SAT 考试成绩被美国 3600 余所大学接受认可，同时也被加拿大所有大学接受认可。

无虚席，即便是按时到校开会的我们，居然都找不到座位。小宝站在夹道处，满头大汗，东张西望中也找不到童年时的伙伴。他不禁领悟到，上中学不仅不能迟到，最好还要早到才行。你看看，我们虽然按时到了，却输在了座位上。早起的鸟儿有虫吃，竞争机制时时体现在学校的方方面面之中。

和小学相比，美国初中的最大变化有二。第一，从初中起，学校教室具有不固定性。因为不同课要在不同的教室上，所以学生们要根据功课表楼上楼下地找教室才行。又因为课间休息时间短，找教室的学生们经常要一路小跑才不至于迟到。第二，从初中起，学生开始使用储物柜（Locker）。在美国学校和体育馆里，学生们都离不开储物柜。所谓的储物柜类似于中国的小档案柜，一人一个储物柜，学生们可以把自己的书本和运动鞋等暂时寄放在这里。储物柜本来很简单，但柜子的开法并不是一把钥匙对一把锁，而是要学生输入密码才行。左三下，右三下，再输入密码，柜子才可以打开。万一学生一糊涂忘了密码和开法，柜子门就会纹丝不动，学生就会急得满头大汗，上课就要迟到。所以说呢，为了不输在开学第一天，在开学前，学生们就要弄懂弄熟自己的密码，并能熟练地打开柜子。看上去很简单的动作，学生和家长们都不敢忽视。学生打不开柜子不仅会迟到，而且这个学生看上去会有些笨头笨脑的。在动员大会那天，每个六年级学生的手里都拿着一张纸，纸上边写着这名学生的储物柜密码。那天所有的初中新生都站在自己的储物柜前，一遍又一遍地练习开柜技术。在乱哄哄的楼道里，学生们沉着机智练习开锁的架势，很像是一群智取机密文件的小间谍在集体行动。我家小宝还行，鼓捣两下他就记住了自己的密码。

除了上述两件事，我家小升初的小宝还有另外一大变化。因为我家离小学比较近，小学校车并不光顾我家这条街，这就意味着小宝的六年小学需要我天天接送才行。上了初中以后，校车终于驶进了我家这条街，这就意味着小宝终于可以乘坐校车上学了。坐校车，首先需要弄明白经过我家街区的校车号码。经学校领导提示，在最新一期的当地报纸上可以找到校车信息。于是，我们娘俩拿到报纸后，开始从密密麻麻的街道名称中找到自己家的街区和相应的校车号。让小宝背住校车号，这是开学前我必须要提醒孩子做的事儿。放学后，孩子如果搭错车会很麻烦的。开学前，小宝必须要记牢这个号码。

经过开学前的各种准备以后，八月二十五日那天，孩子们终于开学了。在小升初的开学第一天，到底有什么新景致呢？小宝放学回家以后，我首先收到一大堆表格要填写。每名任课老师都有告示，而且这些告示需要学生和家长要同时签字。在这些告示中，老师们主要强调了课堂纪律，也提出了端正学习态度按时交作业的重要性。每个老师的要求都很严格，每个老师对自己教的课都有具体的指导。看到一大堆各种各样需要签字的表格，刚上初中的小宝不禁叹口气："唉，中学老师真严呐。今天我班上的一名男生在课堂上打哈欠，老师让他打哈欠时把嘴捂上，不要张个大嘴打哈欠。"开学第一天，小宝就感受到了初中老师的严格。无论是学习还是素质培养，初中老师都比小学老师要严格。让我本人感到紧张的是，小宝的音乐老师建议她的所有学生都在课后跟从一位私人音乐老师学乐器，她认为只有这样，学生在学校表演时水平才会更高。我想，如果所有老师都像这位音乐老师这样高标准严要求学生，别说是学生，就连我这个家长都要吃不消了。孩子已经很忙了，小宝哪有时间再去拜师学大提琴呢。

我的艰巨任务并不是提醒孩子要按时交作业等方面，而是要天天洞悉学校里面的任何风吹草动。我们学区的中小学每天都会通过电子邮件告知家长学校内即将发生的所有活动。开学第一天，我在学校的邮件里就发现了两个重大新闻。学校的打字班和数学俱乐部开始报名，名额有限，报名从速。看到这个邮件后，我心跳加速、精神紧张。三年前，我给二宝报打字班的记忆犹新，历历在目。日子过得真快，如今又到了给小宝报打字班的时候了。我早就知道，打字班特别火爆，我必须以火箭般的速度给小宝报名才行。同理，那个数学俱乐部更火爆，我也必须以一样的速度给小宝报名才行。看到这个通知后，我忽然觉得我电脑的网速忽然变慢了。快，快，快，网啊，你快点儿。你一慢，这两个班就可能没位置了。

小升初，孩子们会经历许许多多的变化。虽然美国学校为学生提供了很多机会，但具体实施这些机会，还是需要家长的大力参与的。联想到许多从中国来的小留学生，当他们在美国初中和高中就读时，中国家长能随时接收到学校发布的各种消息吗？能够获得学校各种信息的中国家长，具备和学校随时交流的英语能力吗？小升初，让我家土生土长的华裔美国娃都有些不适应。联想到那些小小年纪就被父母送出国门的小留学生们，你们的不适，谁人能懂？

7. 美国小升初两周后纪实

我家小宝今年开始上初中，刚刚开学两周，他的日常和学习生活都有了很多的变化。我简单记录一下，供有意来美国读中学的中国孩子和家长参考。

首先说课外活动班。开学第二周，学校的打字班就开课了。那天我去接小宝放学回家，我发现打字班上的学生主要有两类人：亚洲孩子和美国孩子。在美国，韩国和印度人以及他们的后代都很努力和出色。在我们这个初中，在各个学科中，中国孩子除了自己和自己竞争，还要与韩国和印度孩子竞争。在这个小小的打字班上，我又看到了这个苗头。除了打字班，课后的数学竞赛班在第二周也开始上课了。不用说，这个班里的学生还是以中国，印度和韩国孩子为主，美国孩子竟成了少数群体。具体数字是：在30多名学生当中，有20名中国孩子，8名印度和韩国孩子，5名左右白人孩子。

再说说初中的数学教学吧。总听国人说，美国学校的数学太简单了。这种说法其实是个大误区。因为即使是同一年级的学生，美国初一的数学都会分三个不同的等级，而这种分班在小学就已经完成了。我家小宝上的是数学尖子班，他的数学并不简单。开学第一天，小宝回家拿到作业后直皱眉头："妈妈，'4！'是什么意思？在小学的数学尖子班里，老师从来没教过数字后面带个感叹号是什么意思。"我在中国初一上数学课时，也没学过"4！"是什么意思。这说明，美国初中的数学尖子班并不比中国的初中数学逊色。

美国初一的数学尖子班除了功课难，老师的要求也高。开学没几天，数学老师就给学生做一个摸底考试（pretest）。这个考试的目的是，老师想知道在他讲授教学内容前，哪些学生已经知道这些内容了。这种考试虽然不计入成绩，但对学生的督促作用也是巨大的。小宝班上一共二十几名学生，其中有五名学生以全A的成绩通过了这个考试。虽然我家小宝也是这五名学生的一个，但这种优秀并不能说明太多问题。一年以后，全班同学估计都能得A。这种考试的另外目的是，通过和期末考试成绩对比，老师想看看学生在一年以后的进步情况。

接下来说说美国初一英文老师的严格吧。和数学课一样，美国初一的英文课也分尖子班，这种分班也是在小学就完成了。小宝的这位英文老师除了在功课上严格要求他们之外，她对学生的学习态度也有更严格的要求。比如说，因为英文学习材料多而杂乱，老师要求学生都用索引夹（divider）把不同类别的材料分开。开学没几天，小宝就告诉过我给他买这个索引夹。我一时忙乱，忘了满足小宝的要求。没想到，又过了两天，小宝放学回家后跟我闹情绪了："妈妈，你看看，我没带索引夹，老师给我扣了两分。"哎哟，我一听，惊诧得头发都要立起来了。这老师也太严格了，我得赶紧响应老师的要求，抓紧行动起来，免得老师继续给小宝扣分。为了买这个索引夹，我跑了三家商店才买到。身为家长，我也要重视老师的要求。

除了数学和英文课，初一的科学课也值得唠叨唠叨。在我们的印象中，科学课都是严谨的公式、定义和推理吧。出乎意料的是，小宝的第一个科学作业不是上述的任何一个话题，而是需要动用艺术手段的科学作业。老师要求学生用彩色图画的方式，描述学生各自心目中的科学应该是什么样的。这个作业，既有独立思考的成分，也在考验学生的艺术表现能力。以前我曾经在一篇文章中提过，美国学生几乎都会画画。正因为如此，这个需要画画的作业并没有把我家小宝难倒。让我感叹的是，这个作业太花时间了。小宝先思考设计，然后再用铅笔画出图片，最后再用彩色铅笔涂色。为了完成这个作业，小宝在美国的劳动节休息日都要忙着画画。这种科学课的教学法，我在中国没经历过，我很想知道，在中国，学生会喜欢这种作业吗？

最后再聊一聊美国初中的体育课（Physical Education, PE）。美国人重视体育，体育好的美国孩子会让同龄人羡慕。开学第一周，体育老师就让学生一口气跑四千米测验他们的耐力。开学第二周，老师让学生做俯卧撑测验学生的臂力和身体的协调性。这种测验虽然没有固定的要求，全凭学生自由发挥，但这种测验会有一种无形的督促作用。比如说做俯卧撑，学生之间的差距实在是太大了。在这个测验中，我家小宝荣获班级的俯卧撑冠军，据说还有可能破学校的俯卧撑纪录呢。一口气做 85 个俯卧撑，小宝能做到，反正我肯定做不了。自从小宝在体育课上成了俯卧撑冠军之后，班上的几个美国男孩时常会向小宝讨教如何能增加臂力，小宝为此有些小小的得意和自豪呢。

总结一下美国小升初开学两周后的教学内容，我总算看出一点儿门道。各方面都出色的孩子必须要学习好，体育好，画画好。除了上课时间所学的内容要好，课外活动会让孩子好上加好。总而言之，为了全面优秀，孩子必须得在智力和体育各方面都优秀才行。而让孩子做到一切都优秀，大人和孩子都不容易！

8.美国初中的职业教育

上周我去小宝的学校参加家长返校日活动时，一门很陌生的科目引起了我的注意。这门课的名字叫"Expanding and Exploring Career Options"。大致翻译一下，这门课主要探讨学生在将来该怎么选择职业。

我的天哪，小宝刚离开小学没几天，刚进初中他就修这种课，他对未来的打算太超前了吧？前几年，二宝和大宝也在这所初中就读时，我根本就没听说过这门课。我觉得这事有点儿奇怪。瞧，悬念来了。

幸运的是，在这个家长返校日，每位家长都有机会聆听每位任课老师的简短介绍。等到终于轮到和上述这门课的老师面对面交谈时，我终于忍不住好奇，接二连三地问了她好几个问题："以前我怎么没听过这课？""这门课属于主课的哪个分支？""这门课主要教学生什么内容？"

这门课的任课老师是一位温和的美国白人女教师。听了我的问题之后，她耐心地为我解释：这门课是新开的，今年才开第三年。这门课是英文阅读课的一个分支，主要引导学生正确认识工作和职业的关系，为将来的职业选择做准备。

职业选择？这个话题太重要了。我在中国读书时，根本就没有职业选择的概念，反正爸妈让我学啥，我就学啥。即使是现在，国内的孩子们是不是还是让爸妈为自己做选择？对大多数家庭来说，只要爸妈画了圈，孩子就会往圈里跳。美国的华人家长和国内的爸爸妈妈们大同小异，也经常会向孩子们灌输当律师做医生的单调选择。

自从小宝上了这门课以后，我发现这孩子开始有主意了，对未来的职业也有了更多的想法。我想来想去，这肯定是这门课老师的功劳。我的这种说法当然是褒义。因为在那天的返校日，我也跟着上了一课，长了不少见识。

这位老师不愧是位教学经验丰富的老教师，那天她用几个实例向参加返校活动的家长们讲解了职业和工作的区别，并向家长们介绍了该如何引导孩子选专业。

实例一

这位老师的女儿高中毕业后曾经当过大街的清洁工。每个月她女儿都有支票进账。她女儿是否可以把这种工作当作一种职业？

实例二

一位学生喜欢艺术，但因为艺术类的学生就业前景不明朗，他爸妈希望他学医。家长和孩子该如何沟通？

这两个例子虽然发生在美国学生身上，但它有一定的代表性，也适合中国学生和家长参考。比如我家二宝很喜欢艺术，我们就谈过类似的话题。是学纯艺术还是当医生？就我家现状来说，我们都希望二宝去学医。但怎么说服她？我还真没有特别好的方法。那天，小宝的职业老师这样为家长们出主意。她认为，学艺术确实前景不太明朗，她似乎也不鼓励学生专门学艺术。她提醒我们，你可以和孩子们说，医生在做心脏手术时，必须要有艺术的眼光。做医生是可以把艺术应用到临床实践中的。把医学和艺术合二为一，不是更好吗？对呀，经这位老师这么一提醒，我豁然开朗。

至于清洁工这样的工作是否可以当职业，这位老师认为，做清洁工只是份工作而不是职业。要想谋上一门职业，必须要付出努力和辛苦。换句话说，没经过特别努力就能获得的工作不算是一门职业，而仅是个工作而已。比如清洁工、保姆等。

为了支持自己的观点，这位老师让学生们做了 20 道正确或者错误的选择题。看了她为学生出的这 20 道题目之后，我对这位老师非常感激。为什么我会这么说呢？因为我们平时和孩子们苦口婆心说的话，几乎全包括在这20 道题里了。而且，我们想不到的话题，老师也替我们想到了。不信，你自己看看：

判断对错：

（1）你要选一个你自己确实喜欢的职业。

（2）在申请工作时，认真研究这个领域非常重要。

（3）在某些职业中，有些人确实会比其他人做得好。

（4）选择职业时，要考虑一下自己的性格因素。

（5）如果我父母没上大学，我也不需要上大学。

（6）越来越多的工作需要大学文凭。

（7）选择职业的最佳方式是听从父母的建议。

（8）在科学和数学领域，男性居多。

（9）如果男人挣 1 美元，那么女人大约只挣 75 美分。

（10）会使用计算机，现在特别重要。

（11）你要知道该怎样准备简历、求职信、感谢信和推荐信。

（12）要想上大学，学习成绩要好。

（13）有些大学比其他的大学要求更好的学习成绩。

（14）SAT/ACT^① 可以帮助你考进大学。

（15）学习成绩优秀的学生可以得到大学奖学金。

（16）面试过程是能否得到工作的关键。

（17）综合各种工作机会的数据库可以指导你找到你喜欢的工作。

（18）因为你每周要工作 40 个小时，所以喜欢这个工作很重要。

（19）如果你没好好准备面试，而且简历写得很潦草，对方不会雇用你。

（20）在选择职业前，你要考虑一下你喜欢的生活方式到底是什么。

---

① ACT：全称 American College Testing，中文名称为"美国大学入学考试"，是美国大学本科的入学条件之一，也是奖学金发放的重要依据之一。与 SAT（Scholastic Assessment Test）均被称为美国高考。

需要特别提醒读者一下，因为这是对错判断题，肯定有不对的陈述。哪个不对？第 5 和第 7 题不对！如果把这两道题修正一下，就成了这样：即使你父母没上过大学，你也要努力上大学；选择职业时不一定非要听从父母的建议。

读完这些题以后，我终于明白小宝为啥最近不听我们指挥了。他一定是从第 7 题里发现了答案。对此，我并没有因孩子不听话而感到不舒服。孩子自己有主意，会自己选择，这是成长过程中的一个重要内容，也是这所初中对学生进行职业教育的精髓所在。是的，事事为孩子做主的家长，有时候要适可而止。

9.旁听美国高中历史课有感

美国人非常重视教育，身居在此，我感触良多。这星期是美国教育周（American Education Week），所有的家长都可以去自己孩子的教室听课。美国学校允许家长如此行为的目的是显而易见的：家长既可以了解老师的教学方法，也可以观察自己孩子在学校的表现。

为了上述的两大原因，在今年的美国教育周，我分别到小宝和二宝的课堂上听了几节课。其中我在二宝高中旁听的欧洲历史课，对我启发比较大。在这节课上，我不仅学到了历史知识，我也看到了中美教育中的不同。更重要的是，在这节课上，我还举手发言了。

记得我在中学学历史时，上课那叫一个枯燥啊。老师照本宣科，学生在底下乖乖记笔记。填鸭式的教育，说的就是这种教学法。下面我来说说美国高中的历史课到底是怎样的情景。

我听课那天，二宝的欧洲史老师正在讲欧洲文艺复兴时期的著名作家和艺术家。首先，他在黑板上写了大大的两个字：RENAISSANCE MAN。虽然我不是学文科的，但这两个英文字我还都认识，这两个字的大概意思是"文艺复兴时期的著名人物"。

据书中记载，文艺复兴是指欧洲 14、15 和 16 世纪时，人们以古希腊、罗马的思想文化来繁荣文学艺术。二宝上的这门课是欧洲历史的大学课程，能凑巧赶上旁听一门文艺复兴课，我的心中暗自欣喜。

美国老师在写好这两个字以后，马上开始提问。他要求班上的每一个学生都说出一位文艺复兴时期的著名人物。当美国老师提问时，我左顾右盼，并悄悄数了一下这个班的学生人数。嗯，共 15 人的小班，学生至少可以说出 15 位文艺复兴时期的著名人物。

果然不出所料，老师问，学生答。很快地，老师在黑板上就写了 15 个人名。据我所知，文艺复兴时的著名人物不只有 15 名。还有那些没被提到的人呢，该咋办？

我的担心纯属多余！每个学生在完成老师的规定提问

后，下面就是学生的自由发言时间了。这些美国孩子们跃跃欲试，兴高采烈地继续补充着名人谱。你一句，我一句，东一句，西一句，美国学生随意发言，老师在黑板上唰唰地写，最后黑板上写满了共 50 位文艺复兴时著名人物的名字。

老师和学生的这种互动，大约持续了 20 分钟。在这个过程中，我没看到老师枯燥的照本宣科，也没看到学生们没精打采的面容。老师和学生一问一答，老师笑意写在脸上，学生轻松解答老师的提问。在我看来，历史能学到这份儿上，还真是趣味无穷。

再往下，老师该怎么教呢？就在我有些好奇时，美国老师又开始发话了："同学们，注意，从现在起，每人用一个形容词来描述一下这些文艺复兴时期的人物。你们想三分钟，然后我提问。每个人都要发言。"

哇，美国历史老师的这种教法，哪个学生还能睡觉？哪个学生还敢睡觉？记得我在国内上历史课时，基本是老师在讲台上滔滔不绝地一人唱独角戏，下面的一帮学生头也不抬地唰唰记笔记。在这个过程中，我们学生没有思考，没有选择，老师说什么就是什么，我们的大脑就是个录音机而已。

形容词是个好东西，文章写得好坏，和作者使用的形容词大有关联。那么，美国历史老师想听到的形容词，到底都是什么呢？哪些形容词可以概括这些早就死去的文艺复兴战士呢？

美国高中生特别爱发言。老师要求一发出，还不到规定的三分钟思考时间，一串串的形容词，开始从孩子们的小嘴儿里往外冒了：cunning（诡计多端），wealthy（金钱万贯），pseudo-religious（佯装虔诚），greedy（黑心贪婪）。哟，用这些负面词语来形容文艺复兴时期的名人，是不是刻薄了点儿？难道就没有什么好形容词吗？有，当然有，再听这些：gifted（天赋出众），brilliant（聪明过人），influential（影响深远），transformative（承前启后）。

就这么一问一答，黑板上很快写满了密密麻麻的形容词。在这之后，美国老师又有新招了，他的下一个问题是：用一多对应的方法，说说哪些文艺复兴的人物符合这些形容词的描述？比如，哪些人是金钱万贯（wealthy）的艺术家？哪些人是佯装虔诚（pseudo-religious）的名人？

这堂本应枯燥的历史课被美国老师这么一鼓动，课堂气氛太活跃了！老师不用大喊大叫，更不用唾沫飞扬，就把死板的历史知识经过启发式教学灌输给了学生。而课堂上的美国高中生们，根本就没有瞌睡打盹的走神机会。老师讲课时一环扣一环，又似魔术师般花样翻新，学生听课如同享受精彩的演讲一般生动有趣，所有的瞌睡虫们全都自动死亡了。

就连我这个老家伙，都被美国老师的教学法迷住了。

当美国高中生往外吐形容词儿时，我再也坐不住了。我要举手，我也要发言！我提供的形容词，也被美国老师写在了黑板上：struggling（历练拼搏）。虽然我对文艺复兴时的人物不完全熟悉，但他们都有一个共性：没有人能随随便便成功，这些人的成功，都离不开历练拼搏，也就是我说的 struggling。

　　旁听这堂欧洲历史课之后，我的收获确实很大。我不仅了解了美国老师的教学法和我家二宝在课堂上的表现，我更看到了中美教育中的不同点。更加具有历史意义的是，在我离开高中校门多年后，我重新坐在美国高中的课堂上，举手发言，重温了我过去在高中度过的美好时光。

　　当然了，二宝对我的表现也很满意。那天放学回家后，她高兴地说，美国老师告诉她："Your mom is such a good student."（你的妈妈真是个好学生）二宝的一大帮同学也对她说："Your mom is so cool. I wish my mom could be like your mom."（你妈妈真棒，我希望我妈妈也能和你妈妈一样）哇，我随便旁听一堂课，就听出这么多赞扬，这课听得真值啊。明年，我准备还去听！

10. 美国顶尖高中的科研教学掠影

　　对学生创造力的培养，是美国教育的重要组成部分。早在小学期间，美国学校就鼓励小学生独立思考。即使在有限的知识范围内，美国小学生也要发挥出各自的独创性。比如说不同科目形形色色的 project（课题），就是对美国小学生创造力的一种最基本的训练。等孩子们到了高中，学生创造力的培养就不仅仅局限在纸上谈兵当中了，而是真枪实弹的实验室训练。

我们学区所在的高中，今年全美排名18。无论从哪个角度来说，它确实是一所美国顶尖高中。在学业方面，这所顶尖高中的主要特点集中在如下两个方面：(1) 功课难度大。比如说，我家二宝现在修了一门人文课（Humanities）。这门功课的大部分内容都属于大学水平的文科课程。至于微积分，那就更不用提了，也是难得一塌糊涂。(2) 重视学生科研能力的培养。在参加学校的科研教学介绍会后我得知，这所高中的科研教学，水平之深，难度之大，范围之广，让我这个科班出身的生物博士都感到十分的惊讶。

首先应该指出的是，这种科研课程属于选修课，并不是所有的学生都需要上这种课，而且选修这种课的学生首先需要得到学校的推荐。可想而知，成绩太差的学生肯定不会被推荐，也就不会有选修这种科研课的机会。家长接到学校的来信通知后，首先要去学校参加这种科研课的介绍会。如果家长同意自己的孩子选修这种课，学生则要提供申请表，还有任课老师的两封推荐信、个人陈述，用来表明自己对什么课题感兴趣，等等。

　　只要学生根据学校的要求按部就班地申请，被录取到这门选修课当中，应该不是特别难的事。学生选修科研课之后，家长需要大力配合孩子方可修成正果。首先，交通就是一个大问题。应付这种科研课，学生要到校外的大学、医院、科研等单位参观见习，甚至要亲自参加校外的科研活动。因为是校外进修，并没有校车接送学生。这就意味着家长还要担当司机的职责。忙碌的家长，或者是像我这样车技不高的家长，首先就会被第一道关卡拦下来。其次，学生选什么课题，虽然老师可以指导，但很多学生都需要家长的帮助。如果家长没有科研背景，选修这种课的学生就会感到比较吃力，若再加上学生自身的原因（成绩或能力不佳），所以，并不是每个高中生都能有幸选修这种科研课。

　　凭着近水楼台先得月的方便，我们这所高中的学生可以去美国国家卫生研究院（NIH）、约翰霍普金斯大学、马里兰大学等单位实地进行科研活动。成功的科研案例还可以发表在专业杂志上，也可以去参加科学竞赛。仅仅凭这些，这种选修课就足够吸引美国高中生了。比如说，很多美国高中生抱有行医梦，将来想进医学院就读，而美国医学院的门槛又特别高，经过这种科研选修课的锤炼，这类学生在未来的申请过程中就会有很大的优势。

　　举一位印度高中生的例子，他研究的课题是：结肠病（Colon's disease）和移民来美国的印度人有什么关联？这位印度高中生发现，他的亲戚得了这种病，他朋友的亲戚也有这种病。于是他提出了上述的疑问，并把自己的科研题目定位在这个领域中。试想一下，在高中就有如此科研背景的高中生，将来在申请美国医学院时，手里一定会握着开启医学难题大门的金钥匙。

这种科研课除了训练学生的科研能力，还可以培养学生和校外研究团队打交道的能力。此外，书写科研论文，口头报告科研成果，也是这种科研课必须要求的内容。可以想象，经过这种严谨的大学水平的科研训练，受过锻炼的高中生，将会与从前的自己有很大的不同。

据负责科研教学的老师介绍，全校四个年级，共有70名学生选修了这门科研课，平均每个年级不到20人。是否让孩子参加这种选修课，家长肯定要和孩子达成共识才行。比如我觉得我家二宝应该参加这种课，可她自己却不以为然。另外一位中国家长也和我分享了他们对这门课的看法。我们在选择是否要上这门课时所面临的最大问题是：时间冲突。比如说当学生需要到校外搞科研时，需要放弃校内的某门必修课才能成行。很多学生和家长在反复权衡了利弊之后，有人选择了这门课，有人放弃了这门课。

无论大家如何选择，有一点可以肯定，我从生物博士的角度来看，这种科研训练对美国高中生绝对大有益处。如果我家孩子和必修课没冲突，我是鼓励她修这门课的。

尽管开车接送会很麻烦，但我觉得很值。No pain, No gain
（没有付出就没有收获）嘛。

11. 美国中小学没有班干部

夏天回国，我们和一帮亲友常常在一起叙旧唠嗑。有一天，一位在国内某高校任职的教授亲切地问我家二宝，孩子，你在美国是啥班干部呀？班长？学习委员？课代表？

好心的教授朋友向二宝连发了一大串的问题，可惜我家二宝却东张西望不知如何是好。我坐在一边，太明白二宝的难处了，于是我只好跳出来，赶紧为二宝解围："二宝什么都不是，因为美国中小学根本就没有班干部。"

朋友一听我的回答，惊诧得就像回到了十五世纪。怎么会这样呢？朋友的孩子坐在一边也紧急求问："阿姨，班长的英文不是叫 class monitor 吗？难道美国没有 class monitor ？"

隔着太平洋，中美学校的差异实在是太大了。如果你来美国的中小学找 class monitor，估计你走遍美国，你也找不着。不知是哪位英文大佬发明了 class monitor 这一说，这个中国式英语在美国基本没人能懂。

在美国中小学，一个班主任（home teacher）全局领导全班，其他任课老师轮流执教，这就是美国特色的教学模式。美国中小学不仅没有班长，也没有学习委员、体育委员和文体委员等，更没有各科目的课代表。

同样是学生，谁能领导谁呢？没有班长，可以让美国孩子们从小就知道什么叫平等，可以让每个孩子都有说话的机会。换句话说，美国学校班级上的每个孩子都可以是牧羊犬，而不是像中国的班级那样，只有班干部是牧羊犬，大部分的学生都是羊。没有班长，也可以最大限度地减少孩子们对权势的崇拜，所有的同学都一样，谁都不用巴结谁，谁都不用担心个别班干部会向老师打小报告。

在没有班干部的美国中小学里，美国孩子们不仅没上房揭瓦，课堂秩序还井井有条。这到底是什么原因呢？家教，宗教，读书识理，男女童军，自我约束，诸如此类的道德教育和个人修养，塑造了美国孩子的综合素质。当然美国学校也有另类学生，这些孩子也需要学校的管教。毋庸置疑的是，没有班级干部的美国中小学，至少和中国的学校一样好。

需要肯定的是，对有管理能力的学生，让他（她）做学生领袖并非不可。在美国学校，这样的学生通常会竞选学校的学生会或者各种学生俱乐部的领导者。关于这些学生领导者，也有一个有趣的现象。能够进入学生会的学生，虽然是学生中的管理人才，但他（她）却不一定是学习的尖子。在美国学校，成绩不好的学生可以进学生会。在中国学校，非尖子生能当上学生干部吗？你巡视一下全中国的学校，看看到底有哪个非尖子生能当上学生干部呢？当然，拼背景的孩子们除外。

今年夏天回国时，我和我的孩子们在国内的一所初中听课。那天当这个班的班长站在前面对大家吆喝什么时，我的两个孩子惊诧得像穿越到了十一世纪。"妈妈，这是谁呀？她咋这么厉害呢？"我的孩子们在美国从来没见过班长，他们当然不明白中国的班长在干啥呢。

12. 受特殊照顾的美国学校落后生

在我的电子信箱里，每天总有一堆美国中小学发来的邮件。谁让咱家孩子多呢，每天阅读和处理这些邮件，就得花上我半个时辰。今天上午，二宝学校发来的一封信，引起了我的高度重视。

信的大意是：五月七日，是上交暑期学校报名表的最后一天。过期不候。务请家长注意。

我一看，糊涂了。我怎么从来没听过二宝和我提什么报名表呢？再细读一下学校的来信，我恍然大悟。参加这个暑期学校的学生，必须根据成绩由老师推荐。老师要是没推荐，你想混进暑期学校，门儿都没有。

我看到这封信的第一反应是，二宝被推荐了吗？这是个什么班呢？是落后学生的补习班还是尖子生的拔高班呢？

于是，一直不怎么写邮件的我，给学校写了这样一封信："您好！我不知道我女儿是否被邀请去上暑期学校。暑期学校是为了补习还是为了提升？"（Hi, I am wondering whether my daughter was invited to Summer school or not. Is Summer school for enrichment or for catch-up?）

过了一会儿，副校长回复我说，这是给低于年级水平的落后生提供的英文和数学补习班。你的女儿不在被邀请之列。（Your daughter was not invited to Summer School. It is only for those students working way below grade level in reading and math. Thank you for checking.）

这封来信与通知，让我无限感慨。美国学校的落后生，能得到学校这么好的关照，真的难以想象。不仅暑期学校是免费的，学校还专门安排校车接送这些需要补习的学生。

记得我上初中时，我们班有一位落后生。因为他背不出历史年代表，被历史王老师打得鼻青脸肿，还被罚站了一堂课。现在的孩子肯定比我们当年要幸运，体罚应该被杜绝了吧。但人们对落后生的歧视，是否还存在呢？成绩特别差的孩子，会得到类似于美国学校的关照吗？

13. 美国中小学生要读哪七类书？

常听美国华裔家长对各自的孩子们说，读书，娃们，你要多读书啊。即使我本人，也常常这样提醒自己的孩子要多读书。书是一个大概念，尤其是市面上有这么多的儿童书籍，令人目不暇接，那么我们这些家长到底要让孩子们读哪些书呢？仔细想想，我们大海捞针般地为孩子们选择图书，其实是件很不容易的事儿。

以我家小宝为例，每次去图书馆，已经上初一的他，还是爱看像哈利·波特这样的魔幻小说。如果我提醒他读读世界名著，他常常会不屑一顾，甚至还振振有词地告诉我："我读的书，我的同学们也在读。我就是爱看科幻魔幻小说。"无独有偶，在美国亚马逊的购书网站上，销量最高的儿童图书确实是科幻魔幻类图书。这种购书状态间接说明了为什么美国孩子都爱读这类书。

显而易见的是，不管孩子们多么迷恋哈利·波特，他们肯定不能只靠魔幻书籍汲取知识的营养。博览群书，对孩子们同样适用。在美国的图书市场上，一共有七类儿童书籍可供选择。根据孩子的兴趣和年龄，我们这些家长要时刻准备着，随时为孩子们的图书选择做好必要的调整。

言归正传，美国中小学生到底要读哪七大类图书呢？

第一类：经典传统故事。白雪公主，小红帽，属于这类题材。

第二类：历史小说。以过去的历史为背景，和孩子成长有关的小说故事属于这一类。

第三类：当代小说。顾名思义，就是和现代孩子的生活与教育有关的小说。

第四类：儿童诗集，即适合孩子们阅读的诗集。

第五类：人物传记类图书。

第六类：信息类图书。比如那些以卡通的方式为孩子们讲解科学知识的图书就属于这一类。

第七类：魔幻科幻小说。现在的孩子最迷恋这类图书，哈利波特属于这一类。

这七类书，就像七种食物一样，孩子们必须均衡阅读，才能得到全面健康的知识养分。所以说，我们这些家长应该尽量让孩子们阅读这七类书中的每一类书籍，不能让孩子只沉浸在哈利·波特的世界里。

值得一提的是，根据孩子们的升学情况，美国学校也在随时调整这七类书中不同书籍的阅读比例。特别需要指出的是，随着孩子年级的增长，信息类图书的阅读量要持续增加。美国中小学现在有一个"共同核心"（common core）教学大纲，除了弗吉尼亚和德州以外，美国的其他州都接受这个教学大纲。在这个教学大纲的指导下，在美国中小学，文学和信息类图书的阅读比例是：

四年级：文学类书籍占阅读的50%，信息类书籍占另外的50%。

八年级：文学类书籍占阅读的45%，信息类书籍占另外的55%。

十二年级：文学类书籍占阅读的30%，信息类书籍占另外的 70%。

这组数据说明，在美国学校，随着年级的增长，学生要阅读越来越多的信息类图书。换句话说，随着孩子年龄的增加，家长要为孩子提供更多的信息类图书才对。只有这样，家庭才能和美国学校的阅读要求合拍，孩子们才能在阅读中获得最大的收益。

以上的这些儿童图书信息，主要来自最新的美国儿童文学教学内容。为了体会这些内容，美国教授要求美国儿童文学课的学生们做一个大课题：阅读每类图书，体会不同类别儿童书籍提供的不同内容，并撰写各类图书报告。

以下是我本人在阅读这七类图书之后书写的读书报告。经过这个课题的磨炼，我本人确实意识到，让孩子阅读不同类别的儿童书籍，对他们的知识成长是多么的重要。我写的这个报告荣获满分。报告的中文译文如下：

（1）经典故事

书名：《辛德瑞拉》，作者：玛西娅·布朗，出版社：Atheneum Books for Young Readers，地址：纽约，出版日期：1954年，共 32 页，分类：传统文学／民间故事，关键词：爱心、耐心、宽容、家庭和希望

适读年级：幼儿园—三年级（年龄 5—8 岁）

在世界各不同文化地区有很多不同的《辛德瑞拉》版本。这本画册是由美国作家和插图画家马西娅·布朗（1918— ）根据法国作家夏尔·佩罗的版本翻译和绘画

的。这本书是为5—8岁的孩子创作的。作为一个民间传说，这本书讲述了关于一个众所周知被她继母及继母女儿们虐待的女孩（辛德瑞拉）爱情与生命历程的故事。（图书内容简介）

虽然这本书所面向的是5—8岁儿童，但书中的许多词汇却很难让年幼的孩子们理解。此版本的结局不同于格林版，格林版的《灰姑娘》作为惩罚，让灰姑娘继母的女儿们致盲。这本书中辛德瑞拉继母女儿们的幸福结局反映了人类生活所应有的宽恕与希望。传统儿童文学书籍中的幻想在未来的岁月中将继续吸引着孩子们的关注。（作者观点阐释）

（2）历史类图书

书名：《桑德》，作者：威廉姆·H.阿姆斯壮，插图画家：詹姆斯·巴克利，出版社：Harper Trophy Books，地址：纽约，出版日期：2002年（修订版），共116页，分类：历史现实主义，关键词：家庭、种族、动物与人类的关系，培养，宗教教育，成人。

适读年级：3—12年级（年龄8—17岁）

这个故事发生在十九世纪南部一个贫穷的美国非洲裔家庭里，他们的生活艰难、困苦。当父亲被关进监牢和他们的狗桑德被白人官员打伤后，家中男孩开始了他孤独的旅程，去寻找关押父亲的地方和四处流浪毫无踪迹带伤的狗桑德。在他追寻的旅程中，男孩经历了几次挫败与失望。是他的母亲鼓励他要忍耐并等待主的帮助。男孩在母亲和学校里偶遇老师的帮助下逐渐学会了人生智慧。在与残疾的父亲和只剩三条腿的桑德重聚之后，男孩开始理解了他老师教导的生与死的真谛："只有不明智的人才会认为改变就是灭亡。"最终当父亲和狗桑德离世时，男孩平静地面对命运。（图书内容简介）

这本书的书名是有点误导读者。虽然狗桑德是故事的主角，但这本书主要聚焦于男孩的成长。作为历史现实体裁小说，这本书讲述了一个成长的故事，很好地展现了孤独的男孩成熟的历程。书中有许多圣经典故，这可能表明了作者的宗教信仰。故事中的母亲是一位伟大的女人，她给予男孩以生活指引，就像电影《阿甘正传》中的母亲。因此这个虚构的故事可作为以非说教形式进行品行教育的育儿图书。（作者观点阐释）

（3）当代小说

书名:《也许我会》，作者:劳丽·格雷，出版社:Luminis Books，地址:印第安纳州卡梅尔市，出版日期:2013年，共206页，分类:当代小说/成年，关键词:高中、音乐表演选拔赛、双亲、家庭生活、友谊、同伴欺凌、性侵、酗酒及自毁行为

适读年级:9—12年级（年龄14—17岁）。

这是一个关于名叫桑迪的高中女孩艰难生活的当代故事。她被她女朋友的男友，一个学校里公众明星性侵

后，她的生活立即转向了错误的轨道。为了独自默默地缓解痛苦，她先从商店偷酒变成一个小偷，然后她被商店警察盘问，并深受其他所谓的帮手伤害。这本书生动地描述了同伴欺凌、性侵、友谊、酗酒及自毁行为等所有内容。（图书内容简介）

当我读这本书时，感到非常难过。书中的女孩是无辜的，但她却默默地承受着巨大的痛苦。朋友离她而去；父母根本不理解她；几乎没人相信她。她是多么可怜的女孩！这本书应该推荐给所有的高中女生，以尽可能地警示和劝告她们：性骚扰可能发生在任何地方，甚至是在朋友的屋里。要小心同伴。不要默默地承受，并且在需要的时候寻求援助。（作者观点阐释）

（4）儿童诗集

书名:《如何吃一首诗和其他佳肴：儿童食品诗歌》，作者：罗斯·H.艾格瑞，出版社：Pantheon Books，地址：纽约，出版日期：1967年，共87页，分类：儿童诗歌，关键词：食物、水果、零食、餐桌礼仪、健康生活、家庭

适读年级：幼儿园—2年级（年龄5—7岁）

这是由罗斯·H.艾格瑞编撰的幼儿诗歌集。从汤到坚果，包括点心、小吃、水果拼盘以及注重行为举止，这本书分为关于食品、小吃、水果及餐桌礼仪不同主题的四个部分。三十位知名诗人在诗集中奉献了他们的佳作。传统及鹅妈妈童谣式的诗歌也包括在这本书中。并为每首诗

配有简洁而又风趣的插图。大部分诗歌完美押韵并适宜朗读。(图书内容简介)

诗选为幼儿展示了生活快乐及生活知识。几首叙事诗讲述了生活的故事。年幼的孩子通过阅读这些诗,会以非被说教的方式学习如何欣赏他人的工作。同时学会怎样能有好的餐桌礼仪以及了解为健康生活应该吃什么。虽然诗集最初出版于1967年,但依然适合今天的孩子们。(作者观点阐释)

(5)传记图书

书名:《恩赐妙手:本·卡森的故事》,作者:本·卡森,出版社:Zondervan,地址:密歇根州大急流城,出版日期:1996年,共224页,分类:传记/自传,关键词:种族、个人梦想、耶鲁大学、约翰·霍普金斯大学,医学界、神经外科、家庭、教育、上帝

适读年级:6—12年级(年龄11—17岁)

本·卡森博士是著名的神经外科医生,他于1987年开创性地做了世界上首例分离连体双胞胎的外科手术。在这部自传体传记中,谈到他如何从贫穷的黑人孩子成长为世界著名的医学博士。在他个人及事业生涯的故事中,他回顾了在高中和大学奋斗的学校生活,以及他在马里兰州巴尔的摩市约翰·霍普金斯大学作为一名神经外科医生的事业生涯。作为这本书的结论,卡森博士告诉年轻的学生,他生活的成功源于远大的志向。(图书内容简介)

这本书的主要部分是由卡森博士撰写的。同时，他的母亲和他的同事苏珊·沃尼克参与了这部书的部分撰稿。因此这本书属于自传体传记。总体而言，从书中可以了解美国教育、医疗和美国种族等诸多问题。最关键是这本书对大人和孩子都很励志，他的故事积极鞭策青年学生以及成年读者。很显然，他十分信仰上帝，他相信上帝恩赐予他天赋之手。

在书的最后，他婉转地批评了美国教育。他质疑公共媒体许多新闻凸显学校的体育和音乐，这可能会误导年轻学生迈向不可能成功的道路。我由衷地赞赏他帮助和引导年轻一代的善意。（作者观点阐释）

（6）信息类图书

书名：《生命的奥秘：图解遗传学和DNA》，作者：马克·舒尔茨，插图画家：赞德·坎农和凯文·坎农，出版社：Hill and Wang，地址：纽约，出版日期：2009年，共142页，分类：信息图书/示图，关键词：DNA、RNA、蛋白质、染色体、遗传学、进化、基因治疗、遗传疾病、遗传科学家

适读年级：高中（年龄15—17岁）

这部信息图解书是以外星人Bloort 138的视角详细地介绍了遗传学，为了在他的未知行星上掌握遗传难题，他需要探索和了解地球上的生命。通过这个外星人的叙述，阐释了地球上的生命在不同层次上的进化：原子、DNA、

RNA 和蛋白质。同时还介绍了遗传学发展的关键科学家。在这本图文并茂的图解书中，向读者揭示了有关遗传学的所有基本信息，其中包括五章讨论人类遗传学以及造福人类的临床应用。（图书内容简介）

这本书是儿童文学中混搭体裁的范例。在这部信息图书中，外星人和幻想都作为一种叙述方式参与其中。本书中的黑白插图使遗传学中疑难话题变得更容易理解。虽然对于年幼读者来说，阅览插图是有趣的，但本书的内容却非常难，不适合年幼读者。因此，这本书主要面向高中学生。高中或大学的科学老师也可以从此书中获益。书中的进化论可能冒犯那些相信上帝创造生命的基督徒。（作者观点阐释）

（7）魔幻小说

书名：《神秘河》，作者：马乔里·金南·罗林斯，出版社：Atheneum Books for Young Readers，地址：纽约，出版日期：2011 年，共 56 页，分类：幻想，关键词：家庭、贫困的生活、希望、梦想、钓鱼、动物讲话、森林、河流

适读年级：幼儿园—3 年级（年龄 5—8 岁）

这是一本每页带插图的儿童幻想书。卡布妮亚是与她父母和她的狗一起生活的小女孩。作为一个鱼店的老板，她父亲因为店里缺货将要丢掉他的生意。为了帮助她的家人摆脱困境，卡布妮亚进入一片森林，那里有条可以钓到鱼的河流。之后她从这条河里钓到了许多的鱼，她父亲的

店里也有鱼卖了，他们的生活开始转好。然而，当卡布妮亚再去钓鱼时，森林里的河却消失了。在她从妈妈那里寻问答案之后，卡布妮亚终于明白"这条神秘河是在我的梦里，我随时都可以去那里"。(图书内容简介)

　　与本书所安排的类似故事背景可能无处不在。文中虽然没有提到种族，但插图表明卡布妮亚是一个黑人女孩。这本图册揭示了美国非洲裔家庭普遍贫困的原生景象。作者应用魔幻现实主义手法讲述了青蛙讲话以及梦境般神秘河流这一奇幻的故事。年轻读者很容易从故事中学习到人生道理。故事生动而不说教。(作者观点阐释)

第二章

道不尽的美国教育话题

14. 美国小学生轻松愉快的原因是什么？

无论在哪个国度，少年儿童本来就应该是天真无邪轻松愉快的。遗憾的是，在中国，孩子们似乎并不是这样。很多家长，甚至包括不少大、中、小学的老师们也一同指出，仅就中国的小学生而言，他们的作业太多了，家长不仅没办法让孩子读闲书，连应付日常繁重的作业，就够让孩子们焦头烂额了。

每当看到这样的留言时，我不禁感慨万千。为什么美国小学生没那么多作业？为什么美国小孩子有那么多的课外阅读时间？为什么美国孩子不用应付书山题海？为什么美国孩子不用背课文和一遍遍地抄写生字？如果中国孩子的作业量也能像美国孩子这样少，咱们的中国孩子怎能不轻松愉快呢？

笼统而言，美国小学宽松灵活的教学模式，是美国小学生轻松愉快的外在原因。若具体说明，美国小学的教育有几大特点：

（1）美国小学不搞题海战术

中国孩子学加减乘除时，肯定是要大算特算一番的。即使已经学会了计算，计算速度还得要快。怎么能快呢？那当然是熟能生巧了，于是大量的题海战术便应运而生。在美国，我吃惊地发现，美国小学根本就不玩儿题海战术。孩子们学加减乘除时，每天的作业就那么几道题，完成数学作业也就是几分钟的事儿。如果美国老师让孩子不断地重复，美国孩子一定会抱怨,too boring, too boring（太枯燥啦，太枯燥啦）。

当然，如果美国家长想给自己的孩子加餐，美国书店里有很多课外算术练习本出售。美国家长可以根据自己孩子的实际情况，最后再决定是否要给孩子搞题海战术。非常明确的是，美国学校并没有这方面的要求，一切都是家长和自己孩子间的自由选择。如此状态，是不是比较灵活？孩子若有时间，家长就让孩子多做几道题，若孩子课外活动太忙，就停止呗，而不用像中国孩子一样，天天忙着完成大量的作业。

（2）美国小学生不抄写生字

大概是因为汉字比较难学，在中国的语文教学中，让小学生抄写生字，多年来一直雷打不动。即使是海外儿童学中文的课本里，也有很多抄写生字的作业。抄生字，中国孩子谁都逃不掉。和中国孩子相比，美国孩子就幸运得多。英文26个字母的组合，肯定比笔画复杂的中国字好学，所以美国小学生不用大量抄写生字倒也顺理成章。值得一提的是，在美国小学三四年级时，孩子们会简单地学学英文草写字体（cursive）的写法。即便如此，美国孩子的抄写作业也是轻描淡写的。虽然美国小学生学习生字时，也会有听写考试（Spelling Test），但这种考试，常常被美国孩子认为"太简单啦"。应付这种考试，不是靠抄写生字学会的，而是美国孩子大量阅读课外书的结果。

（3）美国小学生不背诵课文

在我读小学的年代，我们在语文课上不仅要熟读课文，而且还要背诵课文。现在的中国孩子是否依然如此，国内的家长们一定都知道答案。背课文和抄写生字的目的，无非是为了熟练地使用中文表达学生的本意。美国小学用大量的阅读取代了中国的背诵，效果似乎更好。如果你读读美国小学生写的作文，你就能深刻体会这一点。美国小学生的作文，想象力非常丰富，述说故事自由随意。如果仅靠背课文，他们肯定做不到这些。

在美国的语文教学中，学生阅读水平的高低，是美国老师评判学生的重点内容。老师会根据每个学生的实际阅读水平，给孩子们私下分门别类，并为不同的学生提供不同水平的阅读读物。这样的教学法，既保护了孩子的自尊心，也能让每个孩子都发挥出自己的最大潜力，为初中英文课的阅读分班打下了良好的基础。

（4）美国小学经常搞校外教学（Field Trip）

在美国学校，让孩子们走出校门的 field trip，实在是太普遍了。field trip，是课外教学的总称，并不是按照字义理解的"去田野玩儿"的意思。只要是 field trip，哪个美国孩子不是欢呼雀跃的？

我用几个实例说明一下课外教学的益处。在圣路易斯期间，我家孩子在学蝴蝶的发育时，老师就把孩子们带到了本市著名的蝴蝶馆（Butterfly House）搞现场教学。在蝴蝶馆里，孩子们不仅能和漂亮的蝴蝶们作近距离的接触，蝴蝶馆的工作人员还能为孩子们讲解书本上没有的知识。等我们搬家到了华府附近时，孩子们可以去的地方就更多了。前几天，我儿子所在的小学到马里兰州的首府搞了一次课外教学，他们不仅参观了美国海军学院，浏览了校园内的美国军事历史，还在市府大厅附近，参观了美国导演的取景地。回到家里后，小宝兴致勃勃地上网找这位美国导演的资料，孩子出去一趟，不仅愉悦了身心，也学了很多知识。

（5）美国小学生不学外语

最重要的一条，我放在最后。中国孩子们恨不得在幼儿园里就要学外语，而美国小学生根本就不学任何外语，这是不是很让人吃惊？

去年，我们学区讨论过在小学开设中文课的建议，一年过后，这个议案依然悄无声息。这并不完全是因为美国小学不喜欢中文，而是美国小学生没有学外语的习惯。事实是，美国学生到了初二那年才开始学外语。和中国孩子相比，美国孩子学外语的水平，全都输在起跑线上了。反过来说，中国孩子在英文上花费的巨大精力，是不是真的值得？中国孩子对英文的狂热，是不是有点儿本末倒置了？

上述所言的几个学校因素，是美国小学生开心愉快的外在原因。此外，美国小学生不懂"输在起跑线上"是什么意思，所以他们学得开心；美国小学生不懂什么叫"拼爹"，所以不同社会背景的孩子们在一起玩儿得开心；美国小学生不把上哈佛当作人生唯一的理想，所以他们跑跑跳跳得开心。有了这些内在因素，再加上上述的外在因素，美国孩子的轻松愉快之心就不难理解了。

15. 美国公立学校的小升初考试为何很轻松？

美国是个相对自由的国度，这种自由在教育上也有所体现。比方说美国各地学校并没有统一的教材，用什么教材，可以由各自学区自己决定。再比如说，美国高考（SAT）并不是一年只有一次，在某个高考日那天，并不是全国的高中生都在同一天挤在羊肠小径上赛跑。究竟在哪天参加高考，美国高中生可以根据自己的情况有所选择。关于美国公立学校的小升初考试，不同地区肯定也各具特色。比方说在我们原来居住的圣路易斯，我们所在学区的公立学校根本就没有任何小升初考试。五年级毕业生按照自己家庭所在地的学区分配，除了极少数的留级生，所有学生直接升入初中。这种升学方式，简单直接，学生和家长都没有什么压力。

自从我们搬家到美国东部的马里兰州以后，情况就大不一样了。在这个州，美国教育的严格程度并不比中国差。无论是数学语文，还是绘画音乐，各种各样的尖子班在这里非常普遍。为了让孩子能挤进这里不同分类的尖子班，中外家长们一般会提前动手，在孩子还很小的时候，就把他们送到各种补习提高班或者私人老师那里，分别提高数学语文和艺术水平。尽管这里的学习抓得很紧，但在小升初考试时，学生和家长的压力并不大。这到底又是为什么呢？

首先需要简单介绍一下这里的小升初考试。五年级上半年，大约在圣诞节前后吧，我们这个学区会举行小升初考试。这种考试有如下几个特点：

第一，考试没有复习资料和大纲，学生不需要复习准备这种小升初的考试。这种考试主要考学生的数学、英文和空间思维水平。考卷中的考题难度不一，有的简单，有的复杂，有一些考题老师从来就没教过。这种考试没有任何复习资料，全靠学生现场发挥。

第二，考试分数是相对的，并不是绝对分数。比方说，52道数学题，如果学生答对了44道，这个学生的成绩不是86，而是98。这种计分标准综合了所有考生的成绩，并把考题的难度指数也考虑进去了。

第三，考试结果出来后，学校会根据每个学生的考试成绩，把他们推荐到初中不同难度水平的数学，英文，科学和社会科学班里。比如同样是同一年级的数学课，就有三个不同水平的班：普通数学班，荣誉数学班，尖子班。

只要了解了这种小升初考试的特点，你就会明白为什么美国公立学校小升初时学生和家长都没有太多的压力了。

首先，没有复习资料，应考的小学生们就不会在考试前陷入大量的题海战术之中。应付这种考试，学校对应考生和家长的唯一要求是，在考试的前一天晚上，要保证考生有足够的睡眠。考试当天的早晨，要保证考生吃好早饭。呵，吃饭睡觉，太简单了，这种要求简直就不是什么要求，所以考前大人和孩子都没有什么压力。

其次，因为计分标准是相对的，只要孩子能在同龄的孩子中鹤立鸡群，即使有不会做的题或者做错的题，都不影响孩子的成绩。另外，进尖子班所要求的成绩，并不是绝对的硬性指标，而是一个分数范围。比如，进英文尖子班的要求是，考试成绩在92—99之间。假如有两个孩子得分不一样，一个92，一个98。按照这个标准，考92和考98的孩子就没什么区别，两个孩子都能进尖子班。换句话说，即使玛丽比琳达少考了几分，玛丽也不会有什么压力，因为她们两人都能进尖子班。

即使学校已经分好了尖子班，如果家长对分班结果不满意，家长可以拿相关材料为自己的孩子申辩，学校会推翻原来的决定，重新推荐孩子进相应的尖子班。这也就是说，如果孩子考试失常，只要家长觉得孩子是尖子班的料，就可以把孩子换到尖子班里去。你看看，只要有这条政策做保证，这种美国的小升初考试还会有什么压力吗？

美国学校比较讲究实事求是。如果孩子没考进尖子班，虽然美国学校会给家长的申述开绿灯，但学校也同时会提醒家长，尖子班的课程比实际年级的课程要超前两年，尖子班的功课繁重，家长想给孩子拔苗助长时，一定要慎重，免得孩子进了尖子班以后跟不上。瞧，美国学校既给你自由，同时又给你打预防针，家长给孩子做决策时就比较客观和轻松。

中国的考试排榜，总是根据分数的绝对值。比如说只差几分，就能把一个本来很有潜力的孩子归入差等生里去了。一旦孩子进入差等生的队伍，中国家长只能叹息，孩子也很容易自暴自弃了。据我所知，中国的小升初考试肯定没有美国小升初这么轻松。如果我们能把美国的小升初考试方式借鉴一下，比如说用相对分数代替绝对分数，是否会减少些中国孩子和家长的心理压力呢？

16. 如何看待美国中小学的禁书运动？

每年九月份的最后一周，美国各地会开展各种各样的禁书运动。这个活动始于 1982 年，至今经久不息。简而言之，美国的这种禁书运动有几个特点：1. 美国政府不干预，它并不是全国范围内的绝对严禁读某书的活动。2. 何种书被禁（banned）以及何种书被审查（challenged），由美国各地学校自由掌握。比如说，在美国学区 A，《哈利·波特》是禁书，而在学区 B，学生们则可以照样读《哈利·波特》。3. 根据美国各地学校提供的禁书单，美国图书馆协会（American Library Association ALA）每年会列出禁书书单（banned book list）供美国各地学校参考。

说起禁书，我本人不得不佩服形形色色的美国家长们。你也许不相信，这种禁书运动的源头主要来自美国家长。比如说，某美国学校推荐此校的学生们读某书。当这所学校的某学生家长也同时读到这本书之后，如果他发现书中的某些内容以及用词并不适合青少年学生，家长就会向学校反映自己的意见，学校再向上一级的教育部门汇报，最后才会决定这本书是否要在这个学区被禁读。

假如你浏览一下美国的禁书单，你会吃惊地发现，很多人人熟知的好书竟然在禁书之列。我简单举几个例子来说明这个问题。我在中国上学时就学过《小红帽》的故事，我相信今天的孩子们依然在读这个故事。你能想到《小红帽》这个故事被禁的理由吗？据资料记载，美国加州某学校的家长认为，小红帽的篮子里装着酒成何体统？你让不能喝酒的小红帽去给奶奶送酒，这不合美国国情，我们禁它没商量。还有人人熟知的犹太女孩写的《安妮日记》，也在禁书之列。几年前，我家二宝所在的初中还推荐学生读这本书呢，现在它却被纳入了禁书之列，原因何在？

　　和我们中国的禁书活动差不多，美国禁书的主要原因无非有如下几个：性，色情，暴力，同性恋，宗教，枪杀，等等。根据这个标准，《安妮日记》的主要罪名是性。这书我本人读过，我知道里面确实有一些少女性心理的描写。虽然这种性心理描写很真实，但一些学生家长担心这种带有性心理描写的书籍会毒害自己的孩子，于是这本书也纳入了被禁之列。无独有偶，《暮光》系列，《哈利·波特》和《麦田里的守望者》，也因性和暴力等原因被禁。

　　身为家长，我们到底该如何看待美国的禁书运动？是谈虎色变，还是正面引导？是严加管教，还是放任自流？无论是哪个国家的青少年作品，都有一个共同的特点，即双重阅读标准（dual audience）。首先，孩子们的书主要是家长或者老师给推荐选择的，这些书的质量是好是坏，我们成人对孩子负有责任。其次，很多青少年的文学作品是成人写给孩子们看的，成人作家是否能完全还原孩子们的世界，只能由孩子们来检验。正是由于这种双重标准，我们家长在对待禁书时，可能会处于一种不确定的状态。

　　比如说，我本人非常喜欢《追风筝的人》这本书，于是，我便推荐给我的孩子们看。我推荐的标准是否正确，这本书会对我的孩子产生什么样的心理影响，我对我的孩子负有主要责任。但这本书的内容是否如实反映了书中男主人公的心理演变过程，则是作家本人的责任。正是由于青少年图书的多变量，我们很难提出这本禁书绝对被封的理由。比方说，虽然这是本禁书，我依然让我的孩子们读了。

在今年的美国禁书活动中，我本人详细跟踪了一部禁读多年的自传体小说被禁过程。这本书的名字叫《一个美国印第安少年绝对真实的日记》（*The Absolutely True Dairy of a Part Time Indian*）。这本书的作者是 Sherman Alexie，为美国印第安人作家。他的文笔犀利直接，小说中时常带有脏字，暴力和性描写。正是由于这些原因，这本书才被禁。同时，这本书本身又是一本励志书，它还在 2007 年得过美国图书大奖。一会儿得奖，一会儿被禁，这是不是让我们有些无所适从？

在通读了这本书之后，我个人认为这本书的正能量超过负能量。在这种看法的引导下，虽然它是一本禁书，我还是推荐我家 11 岁的小宝阅读了这本书。读书前，我提醒他这本书里有脏字，不能模仿学习。至于有些微秒的性描写，估计我家小宝不一定能看得出来。在我看来，这是一部励志书，它所传送的主要信息是美国梦而不是性和暴力。小宝读了这部书之后，我们娘俩在分享这本书的主要内容时基本可以共勉。去其糟粕，取其精华，是我对美国禁书的基本态度。总而言之，我认为，禁书不可怕，怕就怕因噎废食。

附注：我对《一个美国印第安少年绝对真实的日记》（*The Absolutely True Dairy of a Part Time Indian*）的态度

这是一本好书！当我阅读完《一个美国印第安少年绝对真实的日记》最后一页时，我对自己这么说。在我看来，这本书内容精彩，因为我喜欢读所有关于成长的故事。从这本书中，我清楚地看到懦弱而又困惑的印第安男孩如何成长为一个坚强和自信的年轻绅士。在这个故事中，他父亲、祖母和教练给男孩的很多建议也激励着所有读者。这个印第安男孩成功的故事可以鼓励许多绝望的人们站起来，并在他们的生活中变得更坚强。我是一个成人，因此书中唐突的语言不会太多地令我不适。此外，我知道印第安人喜欢像作者书中表述的那样讲粗话。我只是觉得，印第安作家谢尔曼·亚历克西先生原汁原味地使用他们真实的语言讲述一个印第安男孩的故事。以我看来，如果允许高中学生在父母的监督下阅读此书，他们可以从此书中汲取大量有关生活的正面智慧。

17. 美国学校如何实现书的循环使用？

美国著名作家谢尔曼·亚历克西（Sherman Alexie）在他的名作《一个美国印第安少年绝对真实的日记》（*The Absolutely True Diary of a Part-Time Indian*）中提到，书中的"我"在中学时使用的课本居然是30年前"我"妈妈用过的教材。虽然小说有些夸张，但美国中小学教材的反复循环使用确实非常普遍。

美国中小学教材循环使用的方法很简单。新学年开始时，每位学生领取到自己的教材后，先签上自己的名字，然后学生就是这本教材的主人了。虽然教材的使用期限只有一年，但拥有教材的学生只要一书在手，就能够做到与老师的教学进度保持步调一致。显而易见的是，这种循环式的教材是免费的。

值得一提的是，美国大学并没有免费的教材循环使用途径。简而言之，美国大学生要自己买书。因为美国大学教材价格昂贵，一些舍不得买书或者买不起教科书的大学生会采取租书的方式求学。正是由于这个特点，美国教科书的循环只适用于中小学。

美国中小学的教科书循环使用肯定有优点。比如节约资源、环保、培养孩子爱护书籍的好习惯。在我看来，循环使用教科书也有弊端。因为学校明确规定，在教科书上不许画线涂抹，这就形成了一种旧书新貌的局面。我本人对此另有想法。尤其是孩子上了高年级以后，功课忙，内容多，学生读书时若不允许画线标出教科书的重点，这会影响学生日后的复习和总结。比如说无论何时何地我看我家孩子们的教科书，每篇每页永远是干干净净的。

美国学校对教科书的这种态度，决定了美国中小学生和中国中小学生的学习方法会大不一样。记得我在中国读书时，属于我自己的教科书会被画得一道又一道的。每次复习时，我会重点看看那些画过的道道，用来加深理解和记忆。可惜，当我用同样的学习方法教育我的孩子时，我的这种方法根本就行不通，因为美国中小学的教科书不让学生画道道。这种状态的优点是保存了一本书的清洁状态，缺点是不利于学生复习。尤其是美国中学的教科书非常厚，没有划线提醒的教科书会增加孩子们的复习难度。在这一点上，我觉得中国的中小学生很有福气。中国的孩子们不仅拥有自己的教科书，而且自己还可以做自己教科书的主人，随便勾勾抹抹加深记忆。

也许你会问，既然美国学生的公用教科书不让画，那家长给自己孩子再买一套教科书不就可以了吗？每次当我向我的孩子们表达这种想法时，他们却总是连连反对。这又是为什么呢？我能猜到的理由有二：在学校，大家都使用学校的教科书，你拿自己的书去学校画道道，别人会觉得你怪甚至是笨；另外，美国教科书特别贵，反正学校已经有教科书了，大概我的孩子们不希望浪费爸妈的钱吧。这种状态的后果是，当我提醒孩子们画道道找出学习重点时，他们总是无动于衷。理由你明白的。

总而言之，我不是特别喜欢美国学校的这种循环式使用教科书的方式。尤其是孩子上了高中以后，那么厚的书，老师又经常东一句西一句地讲，学业任务本来就沉重的高中生们复习起来肯定不容易。从教科书的使用情况来看，我觉得中国学校更好。我真希望美国中小学能取消这种循环式的教科书使用法，用合理低廉的价格，让每名学生都能拥有自己的教材。这样做不仅仅是为了获得知识，也是为了一份岁月的记忆吧。比如我家孩子在美国中小学念了这么多年的书，家里竟没有一本孩子的教科书能提醒我孩子儿时的记忆。遗憾呀！

18. 体育活动在美国中小学到底有多重要？

最近读到一篇网文，我不禁哑言一笑。此文的作者认为，中国孩子在美国上学，如果体育不好，他根本就没法在美国学校继续混下去。虽然此文题目颇有调侃的味道，但作者列举了很多美国人爱运动的实例，用以说明体育在美国中小学的重要性。

体育重要，这是毫无疑问的，对此我完全赞同这篇文章作者的大观点。是的，从小处看，体育好的最基本益处是，可以促进孩子的身心健康。热爱体育的孩子，不仅身体强健，性格也比较阳光。从大处看，体育好的孩子在学校可以享受一种荣誉感。以我家小宝为例，迄今为止，小宝在学校的俯卧撑考核中，基本是名列前茅甚至是第一。每次测试之后，我总能从小宝的微笑中感受到他本人的一种自豪和荣誉感。除了促进孩子的身心健康并增加孩子的荣誉感，体育对孩子综合素质的培养也大有益处。正如姚明所言，"体育可以改变运动者为人处世的态度，帮助他们面临挑战和困难。团队精神，体能变化和领导才能无法从书本中获得"①。（I really believe that sports can change people's attitudes and help them face challenges and frustration. Teamwork, chemistry and leadership are not things we can learn from paperwork.）

体育的益处还可以从更多的例子中挖掘。美国有一位著名的印第安作家名叫 Sherman Alexie，他因为大脑先天缺陷，儿时经常有癫痫发作，他还被小伙伴当作是傻瓜。正是由于这个原因，他在学校经常被同学欺负甚至是被歧视。经过手术治疗，尽管他的神经系统症状基本痊愈，儿时的阴影却总是追随着他的脚步。在一位老师的鼓励下，上中学时，他毅然离开了贫穷的家，转学到一所白人学校就读。在这所学校，他继续经历着被同学取笑歧视的命运。直到有一天，在他成了学校的篮球体育明星之后，他的厄运才戛然而止。由此可见，体育像一个魔术师，它可以把一个自卑受歧视的孩子变成一个自信受宠的少年。

美国人本身爱运动，加之各种体育运动场馆在居民住宅区随处可见，这是成就美国体育运动朝气蓬勃的根本原因。比如离我家三分钟车程的地方，就有一个高尔夫球场。如果我们想玩儿高尔夫球，我们根本不需要像国内富人那样摆谱、炫富，声势浩大地进军球场。只要

---

① 美国《时代周刊》（*TIME*）2014 年 12 月 15 日，第 76 页。

踩上油门跑三分钟，我们就可以打高尔夫球了。其他的体育设施也大同小异。比如在我们附近的公园甚至是教堂，都有体育训练班，我儿子的篮球训练班就在一所教堂里。

中国孩子来美国留学，他们初来乍到时的眼光主要局限在学校里。尤其是父母不在身边的中国孩子，如果想参加校外的体育活动，谁来接送呢？即使是在美国学校，中国孩子也不一定能融入美国学校体育运动的主流。造成这种现象的原因大概有二：第一，美国孩子从小就接受各种各样的体育活动训练。和美国孩子相比，在体育方面，中国孩子输在起跑线上了。比如当刚刚几岁的美国孩子在足球、篮球、网球等场地上疯跑时，中国孩子很可能在背唐诗三百首。中美文化不同，对体育的认知和重视程度也不一样。第二，由于种族和遗传的原因，体育队里的美国孩子普遍比中国孩子高大，他们在体育方面比中国孩子有优势。

在美国学校，尽管中国孩子在体育方面总体上没有优势，是不是中国孩子在美国学校就没法混了呢？显然不是。中国人聪明智慧，中国孩子功课好，这是中国孩子可以在美国学校取胜的法宝。一位朋友的孩子，没参加过任何体育活动，甚至连钢琴都没学，他在美国学校出奇制胜的"法宝"是数学。在囊括了几乎所有的数学竞赛奖项之后，这位没有任何体育特长的中国孩子，最终走进了美国常青藤名校。

虽然体育一般并不意味着孩子没出息，但这也不意味着在美国可以完全忽视体育。在众多的体育活动中，家长一定要让孩子学会游泳。游泳不仅在危机时刻可能是求生手段，而且在美国学校任何和水有关的课外活动中，都需要考核游泳技能。比如我家小宝在参加夏令营时，因为要有划船活动，他必须通过游泳考核才能报名参加夏令营。至于其他的体育活动，足球、篮球、网球，是美国孩子热衷的三大球。尤其是橄榄球，应该让孩子学学，哪怕只是知道一点点，也是有胜于无。美国每年都会举行一次Super Bowl 橄榄球大赛，你若不懂这些，当美国人全民狂欢并热议球赛时，你根本就插不上嘴。无论是在职场还是在学校，这种"OUT"的感觉并不好。

当然，美国人对体育的过分狂热，也引起了一些人的质疑。在 2014 年 9 月 29 日的时代周刊封面（*TIME*）上，一个醒目的标题吸引了大家的注意：踢足球值吗（Is Football Worth It）？在足球比赛中因受伤而猝死的美国 16 岁男孩 Chad Stover 的照片，也刊载在这期杂志的封面上。是的，任何体育活动都有风险，足球当然也不例外。在一次比赛中，封面上的男孩因头部严重受伤而昏迷，最终没能醒来。这位男孩意外身亡后，一些美国家长开始思考："还让自己的儿子玩儿足球吗（Would you let you son play football）？"体育运动的风险除了意外身亡，还有长期慢性的副作用。据美国 NFL[①] 权威估计，三分之一橄榄球运动员在未来将有可能患上痴呆症以及其他神经系统退行性病变。这种预测并不是危言耸听，这是因为头部受伤的人确实可能演化成神经病变，而包括橄榄球运动员在内的所有运动员在训练中都有可能发生头部意外受伤事件。

既然体育运动有优点也有风险，那中国孩子到底该如何摆正体育和学习的关系呢？我们中国家长包括我本人，在鼓励孩子做任何事情时，总会自觉不自觉地把它和将来的升学联系起来。如果孩子有体育特长，将来考大学时可以有优势，那该多好啊。可惜，比较悲观地说，靠体育来提高孩子的升学档次并不那么容易。以我家小宝为例，他的体操必须在申请大学时达到十级，并保持优异的学习成绩，他才有可能被名校录取。问题是，如果坚持练体操，每天就要拿出四小时的时间泡在体操馆里。长此以往，学习时间大大缩短，孩子的学习成绩肯定会受影响。换句话说，体育好同时成绩也好的孩子并不多见。道理很简单，达到体育最高级的前提条件，是充足的训练时间，而优异的学习成绩也需要时间做保证。在有限的时间内，不可能样样都好。一心不能二用，在体育和学习之间，孩子必须有所取舍才行。这就解释了为什么我前面提到的中国孩子

① NFL：全称 National Football League，即美式橄榄球联盟，也称国家橄榄球联盟，是北美四大职业体育运动联盟之首，世界上最大的职业美式橄榄球联盟，也是世界上最具商业价值的体育联盟。

为何在没有任何体育优势的情况下，主要凭着优异的成绩考进了美国名校。

总之，中国孩子在美国求学，应该扬长避短才对。即使不如美国孩子的体育好，中国孩子在美国肯定也能"混"，甚至能"混"到美国名校去。换种说法再强调一下，如果美国高中的体育明星成绩一般，他们不一定能考进什么太好的学校。中国孩子只要成绩优异，体育方面又别太差，会比那些只是体育好的美国孩子更有可能考进美国名校。

19. 美国顶尖高中到底什么样？

最近得到通知，我们所在学区的高中今年荣获全美高中排名第十八位。消息传来，老师、学生和家长都很高兴，也备受鼓舞。也许我有些悲观，看到这个排名之后，我仿佛看到了这所高中学生们疲惫的双眼。

众所周知，美国高中排名的依据无非是高考成绩（SAT），高中毕业率，上大学比例等数字指标。在这个高中排名表上，我还发现另外一个有趣的数字。每个榜上有名的美国高中所在学区的贫困率，也被统计进来了。我发现在我们这个学区，贫困率不到9%，这说明这个学区的大部分家长都有体面的工作。

撇开抽象的数字，我想用具体实例说说美国顶尖高中到底是什么样。根据我两个孩子在这所高中的就读情况，我发现这所顶尖高中具有如下的特点：

（1）超前教育普遍

所谓的超前教育，无非就是高中生修大学课。除了人人皆知的高中 AP[①] 课程之外，即使是非 AP 课程，这所高中的功课难度指数也很大。我具体举个例子来说明一下。最近我修了一门世界文学课，在这门大学水平的课堂上，我们学的第一课是《吉尔伽美什史诗》（*The Epic of Gilgamesh*）。有一天我无意和我家的高中生二宝同学谈起这个故事，我没想到的是，二宝告诉我她在高一就学了这首史诗。由此看来，这所学校的学生在高一就开始修大学水平的文学课了，美国高中一共有四年，你算算，这超前了几年啊？文科如此，理科的超前教育也比比皆是。

（2）出类拔萃很难

因为超前教育普遍，每个学生都在拼命往前赶。集体竞争的后果就是在羊肠小径上赛跑，这和中国高考几乎没什么区别。具体来说，因为学校提供了大量的高难度课程，不甘落后的高中生们都尽量选修难度指数最高的功课。如果只修一门高难度的功课，学生或许还可以应付。但如果修很多高难度的功课，学生们就非得玩命不可了。

---

① AP：全称 Advanced Placement，中文名称为"美国大学预修课程"，指由美国大学理事会（the College Board）提供的在高中授课的大学课程。适用于全球计划前往美国读本科的高中生。AP 成绩不但可以抵扣成功申请美国的大学的学生入学后相应课程的学分，而且 AP 成绩也成为美国各大学录取学生的重要依据。

具体说到我家二宝,她修了很多门超前教育的课。每天每门功课都要花大量的时间来应付。我看在眼里,急在心上,也很心疼她。我想劝她少修点儿超前教育课吧,孩子又不甘心示弱。

现在,二宝已经被传说中的美国名校录取了。按理说,孩子可以喘口气了。但还不行。你看,刚放学,她就跑去参加学校俱乐部。然后回家简单休息下,她又去公文学校①打工。打工期间,她发信息给我,说打工结束后,要马上去书店和同学会合,完成一个大作业。为了给她省时间,我接她回家时把晚饭放在车上,她坐在车里匆匆忙忙吃完了晚饭。然后回家收拾电脑和笔记,又和同学匆匆忙忙往书店奔,这种忙碌其实是孩子的常规状态。看到孩子如此奔忙,我只有"望孩兴叹"。美国高中生太能拼了,累坏了身体怎么办?家家孩子如此,不拼又不行。唉,的确无奈。集体赛跑的结果,要同时拼体力和智力。因为每个孩子都很努力,出类拔萃相应就很难。

(3)即使功课难,课外活动也不能忽视

也许你会认为,既然这所高中学生修的功课都这么难,那孩子们就集中精力把书读好就行了吧?答案是否定

---

① 公文学校(KUMON)是独立于美国公立学校之外的算术(MATH)和语文(READING)超前教育班。公文学校主要提供大量的习题让学生反复练习,最终让孩子们达到熟能生巧的目的。是否让孩子去公文学校,完全由家长来决定。公文学校单科收费是每月130美元,孩子每周两次去公文学校做题,其他时间都要在家里做作业。

的，不行。美国高中生拼成绩，无非是想以后能考进好大学。但众人皆知的事实是，美国高校录取并不全凭成绩，课外活动是美国高校录取考生的重要考察指标之一。正因为如此，这所高中的学生们除了应付功课，还要忙着做课外活动。有一次，我家二宝在考试前要负责一个课外活动的展示。我劝她，哎呀，快好好复习功课，课外活动放放吧。因为二宝是这个活动的负责人，不管功课多忙，她都得负责弄好。长此以往，功课肯定会受影响。这也解释了为什么学习成绩出类拔萃很难。道理很简单：时间少，要做的事情太多，学生很容易顾此失彼。

（4）家长高度重视教育

因为这所学校的教育氛围好，甚至可以说是教学气氛严肃而紧张，每位家长对自己孩子的教育都不会掉以轻心。最简单的情景是，只要家长在一起扎堆，谈论的大多是孩子。别以为只有中国家长才重视教育，美国家长也毫不逊色。有一次，我在体育比赛场地，看到一位美国妈妈在研究 SAT 数学，准备辅导自己的孩子。在开学初的家长返校日（back to school night）学校里可谓是人山人海。虽然没有硬性规定，但几乎所有的家长都会来到学校，向老师打听各门功课的讲授情况。走在拥挤的家长队伍中，我不禁想到那些小留学生的家长们。如果中国家长不能在美国参与孩子的教育，在孩子的成长过程中，是不是缺失了一些重要内容？

不谈统计数字，只用上述几个简单的实例，你是否发现，美国顶尖高中和中国高中很像，甚至是比中国高中还紧张？无论是学生成绩排名还是学校总体排名，任何顶尖的成绩都要付出代价。所以说，在考虑为孩子选美国高中学区时，特别顶尖的学校不一定适合所有的孩子。说到我本人吧，我就有些后悔来到了这样的学区。不是我对自己的孩子没信心，而是我心疼自己的孩子，尤其是当我看到二宝那么玩命地应付功课和课外活动时，我甚至悄悄地对自己说，唉，如果不来这个学区，孩子就不用这么受累吧。

美国顶尖高中到底什么样？从学生角度而言，在美国顶尖高中就读，一定要努力并做好吃苦的准备，才不至于落后别人太多。对家长而言，如果自己的孩子在这样的学校就读，要随时准备给孩子做好后勤和加油工作，而且时常还要腾出点儿时间琢磨琢磨孩子的功课。总而言之，在美国顶尖高中就读，大人孩子都很累！所以说，想逃避中国应试教育的孩子，最好别来美国的最好学区就读。因为这样的美国学区课业繁重程度甚至比在中国学习有过之而无不及。

20. 美国中小学的暑期学校为什么特别火爆？

昨天我去给二宝报暑期学校（Summer School）。一到报名点，我首先被镇住了。停车场已经爆满，我根本就找不到停车位，最后我只好到偏远的街道上勉强把车停下来。等我走到学校的大门口时，我再一次被镇住了。报名的队伍宛若长龙，密密麻麻的各种肤色的中外家长们，人人手里都拿着报名表，有的家长时而焦虑地看着手表，却又不得不安安静静地耐心排队等候着。

报名从下午四点钟开始，我四点半到达学校后马上开始加入了排队长龙。仅迟到了半小时，我却为此付出了很大的代价，我足足排了近三个小时才勉强摸到暑期学校注册的大门。据学校的工作人员介绍，最早来排队的家长们，下午两点半就开始"占领"报名大厅了。这种拥挤火爆的报名场面，二十多年前我在北京报名考托福和 GRE[①]时经历过。当时我是为了出国，那么现在的美国中小学生积极上暑期学校，这到底是为了什么？为什么美国学校的暑期学校会如此火爆？它和中国的暑期补习班到底有什么本质的不同？

只要看看美国暑期学校的课程介绍，上面的这几个问题就不难回答了。和中国学校的暑期补习班不同，美国中小学的暑期学校和单科跳级有类似之处。比如我家二宝高

---

① GRE：全称 Graduate Record Examination，中文名称为美国研究生入学考试，适用于除法律与商业外的各专业，由美国教育考试服务处（Educational Testing Service，简称 ETS）主办。GRE 是世界各地的大学各类研究生院（除管理类学院、法学院）要求申请者所必须具备的一个考试成绩，也是教授对申请者是否被授予奖学金所依据的最重要的标准。

三时要上物理课，如果她在暑期学校提前上了这门物理课并通过考试，她就可以获得高中物理课的学分，在高三时她就不需要再上这门课了。这样她就可以用省下的时间，去修美国高中设置的大学课程（AP）。所有来报名参加暑期学校的高中生，都是怀着这个目的来报名的。尽快修好高中必修课，尽量多修美国大学课程，这样做的目的无非只有一个：进名校，进好学校，加油跳级，越快越好。

为了上名校，美国高中的这种白热化的竞争越来越明显了。修暑期学校的各种功课，虽然并不能保证孩子一定能进名校，但不上暑期学校获得单科跳级的孩子，上名校的可能性就会大大降低。这是为什么呢？已经有那么多的学生在暑期学校提前修完高中课程了，你若不迎合这个趋势紧紧跟上，那你就相当于落后了。比如当你在高三时开始修高中物理课时，在暑期学校已经修过高中物理课的学生就可以修大学物理课程（AP）了。为了上名校，美国高中生必须要有这种超前教育。谁家孩子超前教育做得好，就有可能走进名校。

美国暑期学校报名的火爆，说明了在美国是以另一种方式"拼爹妈"。虽说报名时间是从四点到七点，但很多家长早早就来了，生怕自己的孩子报不上名。这些家长要么是全职妈妈，要么是特意请假来为孩子报名的。无论是哪种家长，为了孩子都够呕心沥血的了。报名时间正是吃晚饭的时间，排队的妈妈们不仅饿着肚子，也没有时间为家人做晚饭。为了让孩子能挤上暑期学校这班快车，若家长们不吃点儿苦，能行吗？

最值得注意的是暑期学校的上课时间。比如我家二宝的物理课，全都是在下午一点半到四点之间进行的。这种上课时间，如果学生家长全职上班，孩子根本就没有可能前来上课。因为暑期学校属于超前教育，不是义务教育，学校不提供校车。每当这时，"拼妈"的时刻又来到了。只有全职妈妈才有可能把孩子带到教室来。比如我吧，为了接送二宝上暑期学校，我不得不放弃可能的回国机会。为了孩子，咱咋做都心甘情愿。

美国中小学暑期学校的课程设置，内容非常广泛。从小学到高中，各种各样的课程可谓是五花八门。比如美国小学的暑期课程除了包括数学，英文，科学和创意写作这种主修课之外，还有像武术，象棋，高尔夫球，戏剧，摄影，音乐，外语等选修课程。美国小学的暑期课程不计学分，这些课程以开阔学生视野为主要目的。美国中学的暑期学校课程设置和小学课程一样广泛，另外还包括像新闻和电脑编程这样的功课。和小学暑期功课一样，美国中学的暑期功课也不计学分，也以开阔学生视野为主。另有一事值得一提，我们这里的暑期学校有专门为外国学生设置的语言班（ESOL①），这种功课不仅教学灵活，而且学

---

① ESOL：全称 English for Speakers of Other Languages，是美国为新来移民或外国学生所设的特别英语课程。也有称 ESL（English as a Second Language）。

费低廉（四星期的课程，只需学费 75 美元）。

关于暑期学校，最值得注意的是高中的暑期课程设置。如前所述，高中暑期课程具有单科跳级的性质，这些暑期高中课程具有常规课程的同样效力，这些课程不仅算学分，而且成绩还会记录到学生的档案里，成绩的或好或坏都可以影响到学生的高中总成绩（GPA[①]）。正是由于这个原因，美国暑期学校的高中部异常火爆。尤其是那些有意冲击美国名校的孩子们，一定不会放弃这些暑期学校的跳级功课。举例说明一下，这里的高中暑期功课内容全面，几乎包括美国高中所有的学科内容（不同水平的各种数学课，物理，化学，生物，英语，历史，现代世界史，美国政府，西班牙语）。只有在暑期学校里提前修好这些高中必修课之后，优秀的高中生才可以最大限度地修美国大学课程（AP），为冲击名校增添更多的砝码。

如上所述，美国高中的暑期学校和中国同类的暑期补习班大有不同。中国孩子上暑期补习班，大多是为了巩固复习已经学到的知识，即使是有些超前教育，也主要是为了让中国孩子在学校考试中能名列前茅。中国孩子的暑期补习没有外延，属于原地跳高型，以训练学生熟能生巧的学习技能为主。而美国高中的暑期学校，却让那些成绩优

---

① GPA：全称 Grade Point Average，即平均成绩点数。美国普通课程的 GPA 满分是 4.0 分，4.0 分为 A，3.0 分为 B，2.0 分为 C，1.0 分为 D，而一些高级课程，如荣誉课程，AP 课程等，单科 GPA 满分可达 5 分，甚至是 6 分。

秀而且学习能力强的学生提前进入竞技状态，这些孩子并不是原地跳高，而是在新跑道上奋力快跑。暑期学校可以让他们尽早修完高中的必修课，提前选修尽可能多的大学课程。

综合一下美国暑期学校的主要特点，大致有如下几方面：

（1）暑期学校有很多超前教育班，上这些班需要缴费。比如二宝的物理课学费是 525 美元。

（2）因为暑期学校是超前教育而不是义务教育，没有校车接送孩子，家长需自行安排孩子上下学的接送。

（3）暑期学校高中班的考试成绩，和平时常规班的成绩一样，会计入学生档案。在暑期学校提前修课的学生，只要考试成绩合格，可以单科跳级。

（4）暑期学校不是个别老师开办的补习班，而是经过学区批准的"正大光明"的正规教育。

美国高中部的暑期学校不是空中楼阁，它需要学生从小就要为此努力。为了赶上美国高中暑期学校的跳级进程，美国孩子从小开始就要努力提升自己。这些自我的提升，当然离不开父母的具体指点和辅导。凡是以为美国中小学学习轻松的家长们，可以从美国开办暑期学校的事实中，意识到自己对美国学校的认识偏差。的确，大部分的美国孩子如果只是应付学校的功课，他们的学习确实轻松，但这些孩子的学习目标不是为了上名校，他们只是应付年级水平的功课而已。如果想冲击名校，美国孩子必须从小开始就要加油，必须超前选修各种各样的必学课程。正是由于这个原因，美国暑期学校才会特别火爆，因为它为有意上名校的孩子们提供了更多进入名牌大学的途径。

了解了美国暑期学校的重要性之后，有意上美国名校的中国孩子，必须提前来美国为单科跳级做准备才行。这样说吧，如果中国孩子想上名校，若只是读高中时才来美国，基本上已经晚了。这是因为由于语言障碍，来美国读高中的中国孩子很难有单科跳级的能力。这种情况也解释了为什么高中才来美国读书的中国孩子很少能考进美国名校。其中的道理很简单，中国孩子一旦错过了美国火爆的暑期学校超前教育，就相当于违背了冲击美国名校的潜规则。任何事情只要违背了惯例，失败在所难免的。难怪有人建议，如果中国孩子想上美国名校，请尽量早点儿来！

21. 美国学校如何教育学生与人为善？

美国学校并没有特定的政治或者德育课，美国学生也不需要背诵任何条条框框。美国学校对学生的德育教育，属于润物细无声型的。一张小纸条，一个小提醒，美国学校就把善良的种子播撒在了孩子们的心中。

以我家小宝所在的小学为例，美国学校是这样提醒小学生要关爱他人和与人为善的：

（1）把你用过的玩具和穿过的衣服，捐给当地的教会和救赎军。

（2）给穷人捐食物。

（3）表扬你家里令你钦佩的人。

（4）在家里帮助爸爸妈妈做家务。

（5）给家人和朋友做一张贺卡。

（6）拥抱朋友。

（7）真心称赞朋友的成就。

（8）鼓励别人。

（9）辅导弟弟妹妹写作业。

（10）给家人写信，告诉他/她你多么感谢他/她的付出。

（11）鼓励并表扬自己的进步。

（12）和家人一起玩儿游戏。

上述所有的提醒，都在向孩子们传达一种信息：要关爱他人，赞美他人，欣赏自己。这些提醒，看上去其实都是小事儿。但如果中国孩子能从这些日常生活中的小事儿做起，滴水穿石的长久效应就会显现出来。

对孩子来说，具体的与人为善行为总比抽象的说教更有力量。教育孩子时，少说教，多行动，不拘泥于形式，中国孩子一定都是好样的！

22. 美国学校如何培养孩子的创造力？

和美国孩子相比，中国孩子的动手能力差一些，这是大家都公认的事实。究其原因，和教育体制大有关联。如果不改变目前的这种教育体制，此种状态还会继续存在。简而言之，中国以应试教育为主，一切以分数挂帅，孩子们没时间琢磨什么创造力。美国以启发式教育为主，分数固然重要，但从小学开始，美国学校就给学生们提供了各种各样发挥创造力的机会。

最近我刚刚参观了我儿子所在小学的创造力作品展览，大有感慨。所谓的创造力，不一定局限在数理化生物等各理科学科，即使是像地理这样的科目，启发孩子的创造力，还是大有空间的。记得我在中国初中学地理时，老师每次授课的几部曲基本是这样：国家的名称，国歌国旗，首都，人口，特产，邻国。老师和学生一致这么认为，应试教育嘛，地理就应该这么讲吧，地理还能讲出什么新花样？

现在来看看我儿子的地理课是怎么上的。美国老师在教授基本的地理知识之后，每个学生都要根据所学的内容，大胆地纸上谈兵，独自创造一个自己心目中的国家。国家是个大概念，孩子们到底该怎么动手呢？给国家命名，设计国旗，编写国歌，创造似懂非懂的官方语言，上述这些，都是美国小学三年级学生该做的事儿。在纸上创造一个国家，对孩子来说并非易如反掌，对此，美国老师也会实事求是地有所考虑。她会根据学生的兴趣和各自的强项，让三个孩子组合为一个国家创造组，有人画画，有人写国歌，有人编首都名称和人口数量。让孩子们如此共同完成这个课题，在这样的训练中，孩子们的想象力和创造力大大地被启迪，同时，也培养了孩子们互助合作的良好关系。类似的学科课题，在美国小学其他科目中也很常见。不难看出，像这样的课题，没有标准答案，老师也不用 ABCD 打分。耐心评价每一个国家，老师的工作量也会相应地增加。所以说，从小培养孩子们的创造力，需要学生和老师的共同努力。

我再以美国中学为例，看看美国学校是如何激发学生的创造力的。二宝上初中时，科学课老师向学生布置了科研题目，任何领域，任何课题都可以。没有条条框框，没有这样那样的约束，本身就会激发学生们的大胆想象力。当二宝拿回这个作业时，和我商量该做什么？我熟悉的生物研究，离不开实验室，在家里搞科研，我们根本就没有生物研究的条件。在我不能给她任何建议和指导的情况下，二宝灵机一动，自己想出了一个科研题目：体操运动员的体重和跳跃高度的关系。

乍一看这题目，我吓了一跳。这种题目，多难做呀。如果样本不够，没有统计学意义，说明不了什么问题。同时我也知道，无论何时，家长都要鼓励孩子的创造力。我虽然有了上述疑惑的想法，但并没打击二宝的积极性。好在所有的科研题目，都需要老师的最后批准。我真没想到，二宝的科学老师同意了她的选题。于是，二宝把她所在体操馆的所有队员都召集起来，量体重，测高度，计算，统计，二宝忙得不亦乐乎。上高中以后，二宝又遇到了类似的课题。这次她的研究题目是，每天上脸书①的时间和学校成绩之间的关系。有了初中的科研经验，二宝的高中科研如鱼得水，最后也取得了好成绩。

　　从上面的例子中可以看出，美国学校为培养孩子们的创造力，首先提供了基本的课程安排。而家长能做到的，就是鼓励孩子大胆思考，不要给孩子泼冷水。既然创造力的培养离不开学校和家长的双方努力，在力所能及的范围内，家长也可以放手让孩子做些启发创造力的事情，比如让孩子自己动手在家里敲敲打打，随便创造个东西出来，像小玩具，小家具什么的，这对创造力和动手能力的培养都大有益处。

23. 如此恪守诚信的美国学生

　　比较而言，我家三个孩子中，二宝是比较乖巧的一

---

① 脸书（Facebook）是美国的一个提供网络社交平台的服务网站。

个，对大人的话，基本能做到言听计从。但是有两件事，却让我对这孩子有了截然不同的认识。

记得二宝在上小学时，有次忙着写作业，夜里11点才睡。十岁的孩子至于这么用功吗？当然不需要。孩子点灯熬夜的原因，主要是为了完成一篇作业。二宝的语文老师让孩子带回一本书回来。这书大约有2厘米厚，字数至少在10万字以上。老师的要求是，让孩子从这本书里，挑出她不认识的字，然后，分别写出自己猜的字义和字典里的正确字义，对比一下，看看自己猜的字义是否正确。

二宝对老师的作业一向认真。孩子放学回来吃完零食，再完成数学作业后，就到了上体操课的时间。二宝现在是体操四级，每星期要上三次课，每次三个半小时，11月要有比赛什么的。体操下课后，二宝再回到家，已经快九点了。为了给孩子省时间，接孩子回家时，我把切好的西瓜带到车上，让她在路上吃。

即使是分秒必争地省时间，语文老师的作业还是让二宝犯难了。简单吃过晚饭，孩子便开始读书。读了几页，二宝没看到生字，再接着往下读，每个字她都认识。快读到书末尾时，孩子还是没发现一个生字。这可急坏了二宝，"妈妈，没有生字，我不知道怎么写这个作业。"

看到孩子上完体操课后疲倦的面容，再看看这本厚厚的书，我建议孩子，咱随便找几个字，你假装不认识，瞎写一下字义，行不？唉！当娘的为了疼孩子，多弱智的招数都能想得出来。

孩子不同意，非要坚持再仔细地读一遍书，直到发现生字为止。忙了半天，孩子终于找出了 5 个不认识的字。看看，我家的孩子实诚不?!

另外一件，是二宝上中学时候的事情，二宝的表现，至今让我记忆犹新。

事情还要从头说起。在美国的华人圈子里，只要一提起印度人，大家几乎都会欲言又止，精明，不吃亏……诸如此类的形容，是美国华人给印度同事的大致评价。我本人也曾和印度人打过交道，因故我对印度人的品性也略知一二。虽然上述对印度人的评语有一定的代表性，但我们肯定不能一竿子打翻一船人。说句不厚道的话，精明不吃亏的中国人还少吗？咱这不是五十步笑百步嘛。

印度人固然有不尽如人意的地方，但他们爱抱团儿，也爱搞互助，你不觉得这是个值得表扬的品性吗？在今年的感恩节聚会上，一位朋友给我们绘声绘色地讲了一个印度人像蚂蚁一样抱团的故事。几年前，这位朋友在美国新泽西工作生活时，在他们下榻的双人公寓里，住着一大批日夜流动的印度人。让人难以置信的是，在一间小小的双人公寓里，居然住着十二个印度人。十二个呀，一大打男女老少印度人，就挤在这小小的公寓里。这可怎么住呢？不会厕所里也搭张床吧。在我看来，印度人不仅抱团儿，他们还挺能吃苦的。说实话，无论国籍为何，我佩服能吃苦的人。能吃苦，本身就代表着未来的不凡。

　　没想到，印度人的团结互助，最近波及我家啦。您先别急，他们不是要占据我家的领土，而是在智力上要和我们联手打个歼灭战。其实只要当事人互相配合，本来这是个很简单的团结互助。但由于我家内部出现了持不同意见的声音，这事曾经让我非常为难，急得我差点儿当"叛徒"。

　　大概说来，是这么回事。我们学区属于美国蓝带学校，在这里，超前教育和拔苗助长非常流行。比如我们学区小学五年级的毕业生，在升初中以前，要有一个中学尖子班（GT①）的选拔考试。便于让自己的孩子能挤进中学的尖子班，印度的爸爸妈妈们和中国家长们一样，早就私下做准备了。

　　为了图省事，我们这里的中印家长们都盯准了美国公文学校。说来凑巧，我们附近公文学校的校长是位印度人。在和这位印度校长打交道的几年中，我对他印象颇好，他对我们也关照有加。最重要的是，我家大宝一直在这所公文学校里打工当教师助理。所以，我们和印度校长

────────────

① GT：全称 Gifted and Talented class，即美国学校尖子班，是为在某些方面有天赋的学生开设的。学生进入尖子班的年级在各州有所区别，圣路易斯州的孩子在小学一年级时就可以获得老师的推荐而参加尖子班的考试。在马里兰州的巴尔的摩市，公立学校的孩子们要等到小学四年级时，才能开始考尖子班。另外，各个学科都有尖子班，与中国的超前班或神童班不同，常见的情况是，某位学生，一部分课程在尖子班中上课，另一部分课程在普通班中上课。

的融洽相处显得更加重要了。

几天前的一天晚上，印度校长神神秘秘地找到我，说是有急事要和我商量。我一听，吓了一跳。是我家大宝的工作出现什么问题了吗？和印度校长细细聊下去，才知道是我多虑了。印度校长问我，你家二宝考中学尖子班时，都考了些什么题啊？公文学校里有好几个印度孩子马上要参加这种考试，你能不能帮我问问？

在我看来，这件事实在是再简单不过了。于是我满口答应他，没问题，我回家问问二宝就行了。没想到，一向顺从懂事的二宝，这次却极其叛逆。面对我的紧追不放，她一遍遍地咬紧牙根儿，死活就是不吐口儿，二宝简直比当年的革命前辈们还大义凛然。一看这架势，我真的傻了。不就是问个考题嘛，我又不是问什么核机密，二宝你至于这么严守机密吗？再说了，我哪敢得罪印度校长啊，咱家大宝还指望着他写推荐信申请大学呢。

二宝的表现实在是出乎我的意料。我越问，她越对抗。当时把我急得，就差给她灌辣椒水了。这怎么行呢？好歹我得向印度校长交个差呀。为了折中，我又开始"诱逼"二宝，"孩子，你把你知道的考试流程，尽量好好回忆一下，你用电子邮件发给妈妈，然后，妈妈把你的回复直接转交给印度校长。这样行吗？"

二宝一听我的建议，好像灵光一闪，终于开了窍。于是，她给我发了一封信，信的大意是：中学尖子班（GT）

的选拔考试，不是测试你知道了多少知识，而是测试你有多大的潜能。因此它不包括中、小学的课程，而是包括高中的知识。共有两项测试：数字和英语。根据测试结果，老师将让你上以下一个或多个课程的尖子班，这些课程有：数字、英语、社会学科和自然科学。为了推荐学生获得尖子班的学习资格，需要有一定的分数积分。如果积分不够，学生的家长可以要求面见老师，审查从第五级四季度以来的考试、作业等成绩，以确定学生是否可以不考虑尖子班选拔测试成绩而推荐进入尖子班学习。老师不鼓励学生为这个测试做准备，这仅仅是一个考查潜能的测试，而不是对以往已教授过的技能的检验，测试中的内容基本不会在中学尖子班中讲授。

读完这封信之后，我的心里顿时又冒出一股火来。"二宝，你这是答非所问。你写的这些信息，印度校长和家长们都知道。人家问的是，你到底考了什么题？人家没问你，如何考取尖子班。你为什么总是不切题呢？"二宝听了我的教训后，终于急哭了。呜呜呜，二宝一边哭，一边又把她在信里写的内容重复了一遍。她越重复，我越来气。"你一遍遍地答非所问，还重复个啥呀？"

没能为印度校长得到准确的信息，我就像没按时交上作业一样的不安。两天后，刚好我们家有个感恩节聚会。我知道一位朋友的孩子，也是中学尖子班的。为了绕道迂回，我这次避开了我家的二宝，而是虚心地向朋友的儿子求问。"杰森，你还记得你考尖子班时，都考了些啥题吗？我家二宝说她忘了考题，你能帮阿姨想想吗？"小样儿，我就不信我问不到我需要的信息。

听了我的问题，杰森睁大双眼，像望着外星人一样吃惊地看着我。阿姨，你不知道吗？尖子班考试前，老师不让我们告诉任何人考的是什么呀。泄露考题属于作弊行为，这样对不知道考题的学生们很不公平。原来如此啊。听了杰森的解释之后，我忽然理解了二宝。我终于可以肯定，无论我怎么"逼供"，二宝绝不会为我泄露一点儿考题信息的。

印度校长让我为了难，而我却难为了二宝。一想起我苦苦逼问二宝时的严厉，我心里真不是滋味。

你看，我家孩子做事向来都不知道变通，即使是面对行使家长威严的"逼迫利诱"，也绝不会放弃对诚信的执着与坚守。孩子如此诚实，真挺让我折服的。从另外一个角度来说，美国学校的素质教育很成功，孩子比大人诚实，深知诚信是做人的基本准则，也是其立身之根本。

24. 坚持个人政见的美国大学生

我家五口人，四位美国国籍，一位绿卡拥有者。俗话说，三个女人一台戏。关于美国大选，我家的主要之乱就来自我家的三个女人：我和两个女儿。

大女儿今年 22 岁，美国大学毕业生，目前正在读美国法学院。二女儿今年 18 岁，今年刚上大学，正是初生牛犊不怕虎的年龄。她们姐俩在美国出生长大，是地地道道的美国公民。我，旅居美国二十余载，却一直没有入籍的需求和愿望，我是拿着美国绿卡的中国公民。于是，我们娘仁对美国大选的争论具有双层意义：它既是中国人和美国人的争论，又是母亲和女儿的争论。

二女儿上初中时就是希拉里的粉丝。在她的卧室墙壁上，贴着她从画报里剪下来的希拉里彩色照片。坦率地说，女儿能崇拜希拉里，我很欣慰。榜样的力量是无穷的。若二女儿能以希拉里为榜样，努力拼搏，哪怕能在白宫里做简单的员工，我都将十分自豪。

既然二丫头从小就崇拜希拉里，今年的美国大选她支持希拉里就毫不奇怪了。遗憾的是，当她想投希拉里一票时，我首先急了：希拉里支持同性恋婚姻，这明显违反《圣经》原则。你去了那么多年教会，你怎么会支持希拉里？二丫头很有自己的主张，她马上反驳我：同性恋婚姻是奥巴马的新政，她不是希拉里首创的方针。川普对女性不尊重，这也是违背《圣经》的呀。

我和二丫头的第一局辩论不欢而散，没过几天，我开始拿安全问题和她过招："希拉里要让很多背景不清的难民来美国，里面若有恐怖分子，你在纽约，那里最危险！"说实话，这是我反对希拉里当选的重要原因。我觉得，若安全没保证，一切夸夸其谈都是空谈。谁知道二丫头根本没被这个话题吓到，她反驳道："我在纽约上学，我知道注意安全。"我不服气，继续反驳道："9·11来得那么突然，若有类似的恐怖袭击，你怎么小心也没用啊。"

我和二丫头的辩论还未定论，大女儿开始加入了力挺希拉里的舌战。她在法学院读书，对女性权益比较关注。她认为川普对女性的不敬之言让她难以接受。为了说服我，她还来了个重型炸弹：川普强奸13岁女孩，至今逍遥法外。她还提到，难怪美国女子被强奸后，很多人不爱报警。

关于川普的强奸案，我确实听说过，但消息来源是一个不知名的小网站。若川普犯下如此大罪，CNN①能放过他吗？随便找个女孩儿当托儿去控告川普，这实在太容易了呀。当我这样回复大女儿时，她若有所思，没再吱声。

在美国大选这段时间，我们娘仁时不时会来一场类似上述的讨论。经几次三番的辩论，我发现我们谁都改变不了谁。我和两个女儿看问题的角度不同，既反映了中美思维差异，又有来自代沟的因素。后来我想，既然谁都改变不了谁，那就都别费劲了吧。

选举投票那天，我可怜巴巴地跟大女儿说，"你替妈

---

① CNN：全称 Cable News Network，是美国有线电视新闻网，由特纳广播公司（TBS）的特德·特纳于1980年6月创办，通过卫星向有线电视网和卫星电视用户提供全天候的新闻节目，总部设在美国佐治亚州的亚特兰大市。

妈投川普一票吧"。我明明知道这是徒然的请求，但我还是勇敢地说了出来。结果你们可以想象，她依然坚定地投了希拉里一票。大选临近尾声时，二宝从纽约给我发来懒洋洋的短信：川普赢了。我本人支持川普，这个消息当然振奋我心了。但我马上又看到二丫头发来的一行字：川普当选，我很难过。

虽然川普当选我很高兴，但两个女儿对希拉里的落选很失望，我无法不感同身受，我以母亲的身份，尽力理解她们的感受。首先我肯定她们有主见。我觉得，孩子大了，能有自己的主见，并不被父母的观点牵着走，这是走向成熟的表现之一。

我猜测，如果她们若在我这个年纪，她们就会考虑更多的具体实际问题。比如希拉里若当选，我们要多交税，还要承担更昂贵的医疗保险费。她们现在都靠父母提供经济援助，衣食无忧，当然不会理解我对希拉里当选的种种担忧。我们母女对大选的不同态度，在美国很多家庭里极有可能发生这样的情景：父母选川普，孩子选希拉里。据美国大选后报道说，对美国大选投票者而言，四十五岁是个分水岭，即四十五岁以上和四十五岁以下的美国人，他们支持的总统候选人不一样。年轻人喜欢希拉里，他们的长辈喜欢川普。

大选过后，我终于可以和女儿们心平气和地聊聊大选了。大女儿比较乐观，她觉得川普若不是个好总统，四年以后他就可能下台了。二丫头身在纽约，或许需要更多的时间来消化大选的色彩斑斓。毕竟是一家人，因美国大选造成的家庭混战，将随着冬天的到来很快地烟消云散。

无论如何，在纠结孩子不听规劝之余，我也终于想明白了，受美国教育成长起来的华二代，与像我这样在中国长大的孩子真是不可同日而语，想当初，我在家听父母的，到学校听从老师的教导，上班后一切服从领导的安排。美国的孩子在遵从法律的基础上，敢于发表自己的意见，不被任何其他外界因素所左右，始终坚持自己认为正确的主张。从这一角度上看，我还是比较认同孩子们坚持己见的态度的。

25. 关于美国高中的十五大事实

（1）美国高中没有围墙，更没有大门和门卫。家长进出高中时，需要到秘书办公室登记，而且家长的胸前要佩带"访问者"的标签。这种没有围墙的高中，既方便了学生和家长，同时也给犯罪分子提供了进出方便的机会。不过在我们这里的高中，有专职警察驻校，小打小闹的捣乱者，根本成不了大气候。一旦有持枪攻击者，后果不堪设想。

（2）美国高中不干预学生早恋，即使是未婚怀孕的高中女生，也可以挺着大肚子去上学。在大庭广众之下，美国高中男女生会旁若无人地亲吻。每天高中生进出学校时，他们的仪容和精神状态非常健美。身体有残疾的高中生，有专门校车接送，而且是免费的。当残疾生进出学校坐在轮椅上时，大家会为他们让路，不会有人嘲笑他们。

（3）美国高中也分尖子班。比如同样是数学课，同一年级的学生会修不同水平的数学。有的人修初级代数时，尖子生很可能在修高级微积分。英文课分尖子班也是大同小异。虽然这种尖子班的分班考试在初中就已经完成，新转来的高中生也可以申请考试进尖子班。

（4）美国高中生都需要有免疫记录。如果初中是在本学区上的，免疫记录会自动转到高中。新来的高中生，一定要提供免疫记录。

（5）美国高中生在学校的作息时间大致是，早七点半到下午两点半。上课时间结束后，美国高中依然有名目繁多的课外活动，生机盎然。各种体育俱乐部，文学俱乐部，表演俱乐部，都会在学校继续活动。各种俱乐部的组织者和参与者都是学生，老师基本不干预俱乐部事务。俱乐部的领袖需要通过竞选和投票才能上任。

（6）虽然美国高中老师不开补习班，但放学后有免费的答疑时间。美国民间有很多课外补习班，比如我们这里有印度人、韩国人和中国人开的补习班。需要补习的学生基本有两类，一类是尖子生需要拔高，另一类是差等生需要提高。对差等生，美国高中会在暑期提供免费辅导，校车免费接送。

（7）美国高中除了有读书声，还会有音乐和歌声；除了代数，也会有美术。每年，美国高中都要举行两次学生音乐会和大型画展。除此以外，美国高中生的表演团体，会举行商业演出，门票价格不菲，演出质量也很高。总而言之，美国高中除了培养数理化和文史哲人才，艺术和体育教育占了很大比重。若不会画画，你得会唱歌；若不会唱歌，你得会打球；若不会打球，你得会上台表演。只会读书的书呆子，不仅会很孤单，也不容易融入朋友圈。

（8）美国高中生中午都在学校吃饭，学生可以买饭，也可以带饭。无论是买饭还是带饭，午饭时间是高中生搞社交的黄金时段。有一次我去学校找二宝，进入饭厅时，哎哟，高中生的聊天儿声能把房顶掀开。嗡嗡嗡的聊天儿声再加上哈哈哈的笑声，这些孩子们，真是快乐年轻。

（9）美国高中生上课没有固定的教室，上数学在这间，上英文在那间，历史课又在图书馆。每次转换教室时，学生要一路小跑，否则就会迟到。美国高中生每人都会有一个小储物柜（locker），课本和杂物都存在那里。美国高中生的大书包，也重重地压在孩子们的肩膀上。

（10）美国高中的图书馆对学生开放，可以自取书架上的图书，你喜欢什么，就借什么。美国高中的阅读任务繁重，尤其是写研究性质的文章时，十几本书的阅读量和消化吸收能力，需要高中生扎实的基本功作保证。美国学生的阅读能力非常强，因为他们从小就是在书堆里长大的。无论是在家还是在学校的教室和图书馆，美国学生随手就能抓到书看。

（11）除了研究类的文章是开卷考试，美国高中的大部分考试都是闭卷的。大考前，老师会提供复习范围，平时也会有突击小考。学生的考试分数并不公开，学校也不公开排榜，老师不会因为学生成绩不好而批评家长。高中每年会有学区和州内统考，考前学生很轻松，老师没有硬性指标。

（12）美国高中生的动手能力很强，会用艺术的形式展示科学。在艺术课上，除了绘画，美国高中还有陶瓷烧烤课。做个杯子呀，做个动物呀，美国高中生的校内产品水平极高，具有保存和商业价值。

（13）美国高中有毒品，也有校园霸凌（bullying）。以我们这里为例，美国警察定期会到学校抽查毒品。关于校园霸凌，学区会有专门的讲座教导学生如何应对。弱肉强食，在哪里都一样，美国高中也有这方面的问题。

（14）在毕业前，美国高中生基本都能考取驾照。美国法律规定，16岁的孩子就可以考驾照。为了提醒高中生安全驾驶的重要性，学校会有专门的安全讲座，届时家长和学生要一起去参加，才可能得到校园内的停车许可证。在美国高中，有人自己开车去上学，有人坐校车，有人家长接送。无论是哪种交通方式，学生之间的攀比现象不常见，好车坏车都是车，只要是能动的车，都是好车。

（15）美国高中女生都很会化妆，也很会打扮仪容。女生烫发穿高跟鞋没人管，带假睫毛更不违法。美国高中女生以美为美，不以美为耻，她们的衣着打扮非常得体。即使是胖丫头，也会觉得自己是亭亭玉立的。

归根结底，多才多艺和自信心，是美国高中生显著的强项。毒品和校园欺凌，是飘浮在美国高中上空的阴影。不能因为阴影，我们就否认美国高中的全部；我们也不能因为多才多艺，就忽视美国高中生的道德教育。令人吃惊的是，美国高中生的道德教育是在家庭完成的，美国高中并没有特定的政治教育课，美国高中生也不会学习白宫下达的任何文件！

第三章

美国高中生如何看待

中国小留学生现象？

随着中国学生留学年纪的低龄化，越来越多的中国孩子们开始走进美国高中课堂。当中国家长在大洋彼岸苦思冥想是否应该让自己的孩子出国留学读高中时，大洋这边的美国高中学生们也悄悄加入了关注中国小留学生的行列。

目前很多留学教育类的文章，都在反反复复地探讨着中国家长的思考与苦恼，以及中国小留学生在异国他乡的新奇经历与梦想。当中国小留学生走进美国课堂时，他们身边的美国学生到底是如何看待他们的？据我所知，这类信息目前比较少。

今年夏天在我执教的美国高中生中文课堂上，我给我的学生布置了如下的作业：如果你班上有来自中国的小留学生，你该如何用你学过的中文和他／她打招呼？请用你的亲身经历，谈谈你对中国小学生留学美国的看法。

美国学生独立思考能力确实很强，拿到我布置给他们的作业后，他们用自己的亲身经历，给我讲了一个又一个的留学故事和他们对留学的看法。经我的学生们同意，我现在把他们的作文一一翻译出来，供中国家长们参考。为了提醒读者留意文章内容，我添加了中文标题。

26. 中国小学生来美国留学会促进美国教育

作者：罗乐蕊（父亲来自意大利，移民来美国后，现

任美国飞行员）

　　尽管美国学校的总体声誉不错，但美国学校的教学质量随着地域的不同而参差不齐。我很幸运住在哈维县（Howard County），因为这里的一些学校在美国名列前茅。我的爸爸和妈妈之所以选择来美国，这是因为他们想让我受到最好的教育。所以说，我很理解为什么中国父母很喜欢把他们的孩子送到美国来读书。

　　中国家长应该注意的是一定要为自己的孩子选择一所合适的学校。如果中国学生到美国来留学而不能进入顶尖学校（top-tier schools）学习，我觉得这很不值。因为尽管美国教育体系一直在强调，要让所有的美国学校都发挥出最大的潜力，但美国确实有一些落伍的学校。

　　我觉得中国学生来美国留学很不错。这样一来，他们不仅可以融入美国的教育体系，他们对促进美国的教育发展也会有所帮助。到了美国以后，这些学生一定要刻苦读书，把学习当作头等大事。只有这样，中国小留学生才能在美国的教育中得到最大的收益。美国学生也可以从中把中国学生当作自己的榜样而促进自己的学习。美国确实很需要这种榜样的力量，因为现在的美国孩子花很多时间看电视，玩儿手机，而不是集中精力好好学习。中国和美国学生合班，还可以鼓励美国学生学中文，并向美国学生传播中国文化。

　　如果有中国小留学生来我们班上课，那就太好了。我会用中文问他（她）喜欢什么食物？有什么爱好？和中国学生的口语交流，一定是我学习中国文化的好机会。因为虽然教科书可以展示中国文化，但是如果我能和来自这个国家的学生亲自交流，这一定很生动有趣，而且对我了解中国文化也大有益处。

小留学生来美国的一个弊端是他们的父母可能不在他们的身边。未成年的孩子和家长在一起，我觉得非常重要，因为家长可以关怀孩子，并把他们塑造成人。尽管教育很重要，但在孩子的发育期还有更重要的事情，比如建立道德观和自信心。而在这两方面，家长在孩子的成长期中起着至关重要的作用。我自己知道，如果没有父母陪伴我，我不会是今天的我。如果没有父母的陪伴，我会经历很多艰难才会成为今天的我。

27. 留学是否容易？时间将会告诉你一切

作者：巴杰（美国高中生）

如果有中国高中生来我们学校就读，我会和他/她探讨他们对移民的看法。我也会问他们是否喜欢美国。比方说，我会问他们对美国交通和食物的看法，我还会问他们是否喜欢美国音乐以及中国文化和美国文化有哪些不同。我会继续问他们是否想念中国，如果回答是肯定的，我会问他们最想念谁。如果他们问我如何看待中国学生来美国留学,我会告诉他们,留学的结局不一定很好。我之所以这样认为,这是因为我觉得中国孩子要面对一个完全陌生的国家和文化,一定会很难。

比方说,在中国,中国学生可能会这样介绍自己:"我家有三口人,他们是我,我爸和我妈"。而在美国,美国学生可能会这样介绍自己:"我家有六口人。他们是我爸和我妈,我哥,我的两个妹妹还有我。"(译者注:英文作者的本意是中国孩子没有兄弟姐妹,到了美国以后,当他们看到美国家庭里都有好几个孩子时,独自出国的他们很可能会更感到格外地孤单)再比如说,中国人喜欢吃饺子和拉面,也喜欢喝茶。而美国人则喜欢吃三明治,喝咖啡与可乐。上述这些,只是中美文化不同中的两个小例子而已。

必须要考虑的另外一个因素是,中国孩子到了美国以后,如果没有父母的陪伴,他们就会缺少必要的家教(parenting),这就有可能导致中国孩子的不当行为。我有一个美国朋友,他家就住着一位中国小留学生。这个中国小留学生来美国一年整,他和我的朋友上同一所学校,而且寄宿在我朋友家。为了方便叙述,我就叫他"Joe"吧。这个中国学生经常把音乐声开得很大,还经常在凌晨两点锻炼身体。虽然寄宿家庭告诉他不要这样做,可惜他不仅不服从寄宿家庭的要求,还到脸书(Facebook)上表达他对寄宿家庭的憎恨,还说要急着搬家离开这个寄宿家庭。

我想，如果他的父母在这里，这种不愉快的事情就不会发生。

即使小留学生的父母能来美国陪读，还会有其他的问题。其中的一个问题是，中国父母是否需要在美国找工作？如果需要找工作，现实会很残酷。第一，美国的好工作不那么容易找。第二，英语不好的人，在美国找工作会难上加难。第三，即使能找到一份所谓的工作，也很可能没有他们在中国的工作好。那么，为什么人们非要移民来美国呢？有很多原因可以解释这种移民潮。其中一个原因是，美国学校比中国学校相对自由。我知道，中国学校竞争激烈，上好大学不容易，而且人们常常认为美国学校压力没那么大。然而，留学是否真的很容易？只有时间能回答。

28. 我劝小留学生不要来美国

作者：何佳美（美国妈妈，日本爸爸。在家庭学校上学的美国女高中生）

如果我有机会和中国小留学生聊天儿，或许我会这样问他们："请问，你想中国吗？你想家吗？你喜欢在美国学些什么？在学习方面，中美学校有什么不同的地方？"类似的问题，我可以一直问下去。不过我要问他们最重要的问题是："你爸爸妈妈把你送到美国来留学，你觉得他们的决定正确吗?"

美国和中国有很多不同。比如中国人和美国人讲着不同的语言，吃着不同的饭菜，生活环境也大不一样，而且还有 12 小时的时差。另外，中国人和美国人的为人处事方式可能也不一样。上述这些，只是中美之间最常见的不同。关于中美教育，中国学校和美国学校差别很大。在美国，主要有三种学校：公立学校、私立学校和家庭学校。我本人就是家庭学校的学生。尽管如此，我对美国的公立和私立学校并不陌生，因为我有很多朋友在美国的公立和私立学校里就读。

以我为例，我在家庭学校就读，我不仅需要刻苦努力，而且我还要遵守纪律。这是因为家庭学校的学生很容易放松自己，随便就把作业丢在一边等以后再做。所以说，如果某学生想选择家庭学校，这个学生一定要能吃苦用功。美国的公立学校最普遍，但它不一定最好。美国公立学校的课堂很大，大约有 25 到 30 名学生，这种大班不利于有效的学习。造成这种情形的原因，有时候是因为学生，有时候是因为老师。因为学生太多了，美国公立学校的老师，不可能帮助每一位学生。遗憾的是，有的美国公立学校的老师不仅为人不善，他们还并不在乎学生是否真的学会了。私立学校也许是最好的选择，因为小班教学，美国私校的老师对学生可以有直接的帮助，学生在私校的学习质量相对好一些。但私校的学费又太贵了。

尽管美国学校可能有一些优点，但我不觉得中国父母把他们的孩子送到美国来学习是正确的选择。中国家长认为，把孩子送到美国来，中国孩子在美国会有一个相对轻松的学习环境。这种看法很不对，全美国的学生都不会赞同中国父母的这种看法。美国高中生有很多作业，他们经常要写到半夜十二点。睡眠和精力的不足，让美国高中生一直疲惫不堪。

我无法想象当中国父母要把孩子送到美国求学时，他们的子女会怎样想。他们一定会觉得很紧张吧（terrified）。在美国学校，他们谁都不认识，他们的英语也不一定好，而且美国学校和中国学校的教育系统大不相同。到了美国，中国孩子一定很想中国的家。最近我们这里发生了枪击案，这意味着即使每天上学都会有潜在的危险。又因为他们和美国高中生不一样而且没有朋友，他们很可能在学校被美国同学欺负。

总而言之，我觉得中国父母不应该把孩子送到美国来求学。这里的教育系统不一定比中国好，美国老师和中国老师也不一样，而且中国孩子会孤单难过。中国家长应该让孩子在自己的身边学习，鼓励他们在学校做最好的自己。在世界的任何角落，学生都要做很多作业，学习压力都很大。作为学生，都需要刻苦努力，努力做最好的自己。

29. 小留学生要努力适应美国的学习环境

作者：郝路安（美国高中生，父亲是美国某学校校长）

尝试任何新事物总是充满着艰难，从中国到美国来留学当然会不容易。尽管如此，中国家长把子女送到美国读高中是可以理解的。

和中国相比，美国高中在学业上不一定最好，但美国学校的优势是培养多才多艺的学生（well-rounded students）。对学生来说，学习成绩似乎是头等大事。但是对长远的人生而言，学习成绩不一定是最重要的。喜欢接受教育以及自主学习的愿望应该来自学生本身，而不是来自外界的逼迫。

在很多科目上，比如数学和科学，中国学校在世界上是遥遥领先的。由于中国学校在这些重要科目上的领先地位，中国学校很容易让中国学生集中精力狠抓功课因而忽视了课外活动。这样做确实可以培养出特别聪明又会考试的中国学生。遗憾的是，不让学生参加课外活动，很可能会造就非常内敛（introverted）的未来社会（future society）。这是因为今天的中国学生没有时间以友好的方式和他人相处。（译者注：赞同作者的观点。学生们在玩乐中确实可以建立友情，培养开朗的性格。）

遗憾的是，美国学校的学业和中国学校无法相比。这主要是因为美国学校并不像中国学校一样把抓成绩放在首位。请不要误会，美国其实是很重视教育的，并深知这是建造未来高效社会的必要条件。然而，美国充分意识到了学校课外活动的价值，美国也明白这些课外活动将如何有助于形成未来的高效社会。这就是美国学校在教育体系中整合了课外活动内容的主要原因。课外活动能培养出多才多艺且成熟的学生。

中国小留学生来美国留学肯定会遇到困难和障碍。主要障碍是因为他们来自地球的另一边，他们会思乡，不容易适应美国这个新环境。这些学生也会发现很难适应美国的教育模式。在美国，学校不要求他们天天坐在教室里读书，他们有很多的空余时间要去应付课外活动。虽然初来美国时不易，中国学生完全有可能融入美国文化并适应不同的学习方法。一旦中国学生在美国学校能够游刃有余时，他们会发现自己正面临着许许多多的新事物并慢慢掌握了新的学习方法。

总而言之，中国小留学生来美国上学，肯定会遇到很多困难和挑战。然而，当他们适应了美国教育之后，通过参加课外活动，他们会变得更加成熟，也会多才多艺并掌握新的学习方法。

30. 是否出国留学要因人而异

作者：穆安贝（女，中加混血儿，美国高二学生）

我妈妈是中国人,爸爸是加拿大人。在我很小的时候,妈妈就告诉过我,至少在数学和理科方面,中国学生要比美国学生超前两年。我妈妈小时候在外婆的督促下,每天上两节数学课,这就使得她比同龄的孩子提前两年上了学。因为我从小就知道妈妈的故事,所以当中国家长认为美国学校比较容易时,我并不感到意外和吃惊。

如果有中国高中生来我们学校就读,我会问他/她在中国学校是否快乐。我觉得为学生择校时需要考虑的重要因素之一就是这个孩子是否会快乐。如果家长担心自己孩子的学业压力过大,我觉得美国可以作为一个不错的选择。但这并不意味着所有的美国学校都比中国学校轻松简单。我只是拿我自己的学校为例来说明这个问题。我们高中的功课量适当,很适合我本人的能力。所以我很喜欢我的学校。

如果中国学校压力很大但是学生依然很快乐,我觉得中国家长就没必要把这样的孩子送出国。我妈妈当年很喜欢她的学校,但她还是从中国来到了美国。她出国的动机和小留学生不是一回事儿,我暂且不谈。如果中国孩子出了国,在美国觉得很孤单,家长最好在美国为她找一所压力不大的学校。如果中国学生有寄宿家庭,孤单不应该是个大问题。通过电子邮件,视频,短信,甚至是回国探亲,可以解决这个问题。

每种文化都有自己的独特之处,中美最大的不同应该

119

是语言。如果中国高中生的英文不好，他们在美国会遇到很多问题，他们在美国的漫长过渡期或许很不值。中国小留学生必须英文流利才能获得最大的留学收益。另外还有其他的问题可能会困扰小留学生。比如说，如果中国小留学生来到美国留学时，这所高中的美国学生们已经建立了朋友圈，那么中国学生就很难融入这个朋友圈并会感到十分孤独。小留学生的功课、作业和考试分数，也很可能落后于美国学生。

是否出国留学，其实和很多因素有关。我不能简单地用"是"或者"不是"来回答中国父母是否要把自己的孩子送出国。我建议要因人而异并考虑学生的实际情况和内心感受，再决定是否应该让中国学生出国留学，经受因文化差异的碰撞所带来的巨大考验。

31. 美国高中里的三种学生

作者：雷曼妮

如果有中国小留学生从中国转学到我们的教室，我会先和他们聊聊随意的话题，比如说"你有什么爱好？""你喜欢喝什么？"等到我们的友情逐渐加深时，我会问他们坐飞机来美国时感觉如何，我还会问他们是喜欢坐飞机还是喜欢坐船来美国。再等到我们可以无话不谈时，我会问他们来美国留学的感觉如何，我还会告诉他们美国学校和中国父母想象的并不完全一样。

如果中国父母认为美国学校比中国学校轻松，我会反对中国父母把他们的孩子送到美国来留学。如果中国父母想让他们的孩子通过留学而学会独立生活，结交不同文化背景的朋友，体验父母不在身边时的生活感受，我会支持中国父母把孩子送到美国来留学。

美国和中国的学校生活应该有很多相似之处。简单来说，美国高中主要有三类学生：想得 A 的学生；虽然得了 C 但还想改善成绩的学生；不在乎学习成绩的学生。因为美国高中有这三类学生，如果你想了解美国学校的生活，会出现不同的视角。值得注意的是，无论是哪类学生，很多美国高中生都会认为他们的作业量无人能比。

很多中国人认为美国学校作业量少，这种看法非常错误。事实是，美国高中生的作业量太大了（huge）。有时候，老师要求学生在三天之内必须完成大量的阅读，并要求学生根据阅读的内容写出五页纸的论述文章。在为这种文章准备论点和论据的过程中，时间过得太快了，况且学生还有其他的功课要应付。还有一点需要指出的是，在一些美国学校，学生和老师彼此之间是不太互相尊重的。

如我上面所言的那样，美国高中里有一类不在乎分数的学生。这种学生可以引起班级的混乱。他们不仅不尊重老师，他们也不尊重那些想得高分的学生们。此外，还有一些老师认为，因为他们是老师，年龄也比学生大，他们就可以对学生甚至是同事粗暴无理。

很多人认为，让中国孩子来美国接受教育是个正确的选择。对某些人来说，或许这种选择确实是对的。但是美国学校并不总是精锐无比的。无论你在哪里，都要为自己规划出清晰的未来，知道你到底想去哪里而不至于偏离方向。别忘了，钻石经常出自幽深之处（Diamonds come from deep dark places）。

32. 中国小学生来美留学利害得失

作者：邢普佳（美籍，尼泊尔人）

我知道，每天都有成千上万的外国人从世界各地来到美国。为了更好的未来，为什么不来呢？美国毕竟是一块拥有各种机会的土地，即使你很有才华，在其他的许多国家也很难有机会得以充分发挥。这就解释了为什么很多父母想把他们的孩子送到美国来。我本人并不赞成这种留学和移民趋势，因为我相信这种情况会减少那些国家的潜在生产力，同时也会造成家长和孩子之间的思念之苦。与此同时，我确实也尊重这些留学生家长的选择，我很清楚他们为什么要把孩子送到美国来。

我是个亚洲人，同时也是美国移民。因此，我可以把自己的经历和中国小留学生的经历联系起来，并能深深地理解中国留学生的压抑以及思乡之苦。起初我是反对中国父母把孩子送到美国来留学的，因为我主要考虑的是这些小留学生因为环境和周围朋友的改变在美国可能面临的心理压力。另外一个原因是，我已经看到过很多留学生因为语言不过关而在学业中苦苦挣扎着。还有一个原因是，美国学费太贵，这些学生的家长经济压力太大。由于这种经济原因，留学生很可能会去非法打工，这样也会影响他们的学习。

尽管如此，我并不完全反对小留学生来美国留学。相反，我时常还会支持这种留学趋势。中国人口众多，我确实理解每个学生为了将来就业所面临的巨大压力。我家隔壁住着失业的亚洲艺术家和工程师，我推想，若在中国，情况大概也差不多吧。只要考虑一下中国的人口，就可以想象出那种激烈的就业竞争形势。就在此时，我忽然明白了中国父母的用心良苦。他们或许认为，他们的孩子在美国可以找到更好的机会，他们或许也会认为美国教育没有中国的教育压力大。

所有的家长都希望自己的孩子有一个美好的未来。也许是因为多年前移民来美国的中国人现在过得都不错，这些家长才想把他们的孩子送到美国来也过上这样的日子。如果中国小留学生确实想到美国好好学习，这样的留学经历对中国、美国、家长和孩子都有益处。比如说，很多当年来自中国的留学生，如今在美国做外科医生或者在美国宇航局做科学家，这样的结局确实有助于美国的顺利发展。因为中国人很聪明，在美国的教育领域，中国的确享有盛名。与此同时，这些中国学生还可以向居住地的美国人介绍中国文化。

是否支持中国小留学生来美国留学，我觉得要因人而异。我最希望中国家长不要逼迫没有留学准备的孩子来美国留学。如果我有来自中国的朋友，我会帮助他们适应美国生活，并陪伴在他们的左右，不让他们感到孤独。我也会请中国朋友教我做他们最喜欢的中国饭菜。而我则会帮他们了解美国的教育体系，对大多数留学生来说，这些是最让他们晕头转向的事儿。我会支持和鼓励这些中国留学生，成为他们的朋友，不让他们在美国感到压抑和孤单。

第四章

中美家长和孩子都在关心什么？

33. 美国好学区家长的不安心态

以前，我不太理解为什么中国家长那么焦虑，喜欢攀比，喜欢随大溜，喜欢把孩子送出国。最近，我似乎慢慢体会了中国家长的不安心理。因为在多方家长的影响下，我也出现了明显的烦躁心态。

本来以为，自己的孩子都上了尖子班以后，我就可以松口气了。这种尖子班真不是水货，而是超前两个年级的数学语文班。孩子都超前两年了，难道还不够吗？根据我和中外家长的交谈结果，我不得不有些焦虑地说，孩子上了超前两年的尖子班还远远不够。

那天我在接二宝回家时，顺便和一位也来接孩子的印度妈妈聊了起来。据这位张口闭口都是孩子的印度妈妈讲，他儿子虽然也上了尖子班，功课也都超前了两个年级，但她还是为自己的儿子雇了英文家教。听说印度人在雇英文家教，我心里忽地摇摆了一下。印度人来自英国殖民地，他们的英文比咱们应该是好多了。英文不是咱们的母语，咱是不是也得给孩子雇个家教呢？据印度妈妈介绍，自从雇了英文家教以后，他儿子的英文考试没低过94 分。为了让儿子的英文永远得 A，她从孩子上初中时就开始给儿子雇家教了。一听到这些，我心里又忽地摇摆了一下。和印度妈妈相比，咱做得还不够。本来不想攀比的我，就这样悄悄把自己比下去了。

今晚和朋友喝茶，没聊几句，大家又都不约而同地聊起了孩子。据这位朋友介绍，有的中印孩子从上小学时起就开始上美国的 CTY[1] 了。虽然我早就听说过 CTY，但一直没对 CTY 做过深入的研究，当然也就没把自己的孩子送过去。刚巧几天前我参加过 CTY 员工组织的介绍会，今天听到朋友旧话重提，我不禁把焦虑的眼光瞄准了小宝："明年夏天，你也去 CTY 吧?"小宝一听，倒没有明显的对抗情绪。虽然如此，我心里还是觉得很犹疑不定。难道说不上 CTY 就不行了吗? 转念又一想，人家的孩子都上 CTY了，咱家的孩子不上，这是不是对不起咱家的娃儿呢? 本来不想人云亦云的我，就这样出现了左右为难的心态。

绝对不夸张地说，我们这个学区的竞争太激烈了。这种竞争不仅发生在中国学生之间，印度和韩国学生也绝不甘落后。比方说，这里的很多韩国妈妈都是全职在家带孩子。每天我在公园看到的那些悠闲散步的韩国妈妈，说不定回到家里就是个说一不二的"虎妈"。一想到这些，我感觉压力好大。我拼不过"虎妈"，我的孩子就拼不过"虎娃"。在美国，孩子是否出色，绝对离不开"拼妈"。

最近我们这里有一批新房子上市，学业的竞争无形中

---

[1]　CTY：全称 Centre for Talented Youth，中文译文为"精英学生学习中心"，由美国霍普金斯大学创办，主要目的是为了鉴定出学习能力超强的学生，并给予这些学生在学校之外接受更高水平学习挑战的机会。

导致了房地产的竞争。房子还没盖呢，中国人、印度人、韩国人就开始抢起了地皮。很多慕名而来的外来户，为了买到学区房，他们天不亮就开始来排队。过了几年拥挤的日子，我们本来有意换个新房。可惜不想和谁竞争买房的我们，就这样和印度人和韩国人争起了地皮。买还是不买这房子？我们能抢过印度人和韩国人吗？这种种的心绪，居然也让我们心里出现了另一种摇摆。

　　无论是美国的哪个好学区，竞争一定是同样的激烈。真心奉劝想来美国移民的同胞们，不要来竞争太激烈的好学区。道理很简单，因为竞争激烈的日子不好过。今天新闻报告说，一位在加州好学区就读的中国男孩，因为大学录取时不如意，不幸选择了自杀。在同情这位中国男孩的同时，我不禁要说，在竞争激烈的美国好学区生活，为了追赶优秀，任何家庭的家长和孩子都会处于长期的紧张状态。一旦失误，真的很容易走极端。身为家长，我本人很不喜欢这种焦虑的心态。可惜有一个不争的事实是，只要中外家长一见面，大家就要谈孩子，谈家教，谈拔苗助长，也许是树欲静而风不止吧。不知道明天我是不是又会在其他家长的洗脑之下而左右摇摆呢。

34. 美国华人妈妈最爱谈论啥？

　　说实话，我不是特别喜欢和美国的华人妈妈扎堆。不是我特意要脱离群众,而是我觉得和华人妈妈在一起让我压力重重。在美国的华人妈妈中,不乏大量的"虎娘"和"狼妈"。和很多华人妈妈相比,我真是差远了。因为我不是"虎娘",也不是"狼妈"。就连我家的几个娃儿都给我定性了,他们说我不是典型的亚洲妈妈。

虽然我不爱和华人妈妈扎堆,但我又必须和她们打成一片。这又是为啥呢?因为只要华人妈妈聚在一起,妈妈们谈论的话题十有八九是和孩子教育有关的。我只要和华人妈妈一扎堆,马上就能获得很多很多书本上学不到的知识。

归纳一下美国华人妈妈喜欢谈论的话题,主要有两大类。一类是为别人家孩子操心,另一类是为自己家孩子操心。具体来说呢,美国华人妈妈最爱谈论的话题是:

(1)国内的小留学生干嘛非要来美国呢?

有位美国华人妈妈听说国内朋友的孩子每年要花五到六万美元到美国读高中,她听了直摇头。国内的家长太有钱了,国内的孩子太受罪了。花那么多钱给孩子买罪受,值得吗?还有的美国华人妈妈肩负着国内朋友的重托,要帮小留学生找寄宿对象、换专业。实话实说吧,这个重任真是愁坏了一些华人妈妈。别人家的孩子,咱们不了解,对孩子大包大揽,根本就不是美国特色。该怎么和国内的朋友把这事情说清楚呢?

(2)美籍华人的孩子该怎么上名校?

美国名校竞争太激烈，美籍华人的孩子该怎么努力才能脱颖而出呢？比如让孩子回国做志愿者，多为贫困人民做好事，申请大学时是否能对孩子更有利些呢？又该怎么才能提高孩子的算数和语文水平呢？是上网找题做，还是去课外补习班？这些问题虽然很简单，但答案却五花八门。难怪华人妈妈一见面，就会滔滔不绝地聊和孩子有关的所有话题。

（3）在美国，男孩好养？还是女孩好养？

只要一提起自己的儿子，美国的一些华人妈妈就显得忧心忡忡。在美国，中国男孩不如中国女孩顺溜，这似乎是个心照不宣的事实。比如说，很多美国男人喜欢找中国女孩，但喜欢找中国男孩的美国女孩就很有限。这么一想，美国的华裔男孩似乎成了弱势群体。难怪一些华人妈妈现在就为自己的儿子发愁了：如果女孩学习工作一般，可以有未来的老公担当。但如果男孩学习一般，进不了名校，找不到好工作，将来该怎么养家糊口呢？

以前我还不知道为我家小宝发愁，经这位中国妈妈一提醒，我也变得神经兮兮了。最近在和华人妈妈讨论孩子的过程中，我自己也遇到了难题。我家小宝每周要花很多时间参加体操训练。一周五天，一天四小时，这么多的体操训练时间肯定会影响孩子的功课。小宝不想放弃体操，我又想让小宝和其他的华人男孩一样拔尖，但我们的时间该从哪来呢？

就在我自己非常纠结之时,收到一封学生来信。我教过的一个美国高中生让我给她写申请大学的推荐信。这个学生刚上十年级,还有三年才上大学呢,她现在就开始动手了。瞧瞧,现在的孩子们太有危机感了,也真有前瞻意识。如此看来,为了鹤立鸡群,"鸡"们必须要尽快变成"鹤"才行。一想到那么多的美国学生们正在家长的指导下拼命争名校,咱家的孩子说不定要落伍。尤其是只要一想起那位华人妈妈对男孩的担忧,我现在时不时就会悄悄地想:小宝,你要努力呀,以后咱可别养不起媳妇啊。

不知下次华人妈妈们扎堆,我们又该聊些啥?呵呵,十有八九还是聊孩子。估计下次我们会聊聊孩子到底该上私立学校还是去公立学校。

35. 美国公立学校常规消费大致是多少?

理论上说,美国公立中小学是免费教育,根本没有交学费之说。但学校每年会有一些杂事,需要家长付费。比如在如下的情况下,我的孩子们会向我要钱。

(1)午饭

小学午饭一顿 2.5 美元,初中和高中一顿 3.5 美元。去掉节假日,一个孩子一年的午饭钱大约 400—500 美元。当然如果孩子自己带午饭,花销会稍微便宜一点儿。

（2）活动经费

最常见的外出远足（field trip）在很多时候需要交费。比如去植物园科学园，门票本身就要花钱，这些花销当然是逃不掉的。一年下来，150—200美元可以拿下这些活动费。

（3）书费

虽然教科书是免费的，但美国学校经常搞卖书活动（book fair）。书卖得越多，学校获利就越多。所以学校鼓励学生踊跃认购。学生一积极，家长就得掏腰包。孩子一年之内在学校买书，不会超过100美元。

（4）照相费

美国学校一年有两次照相活动，春季和秋季各一次。给孩子们照相的摄影师来自校外，他们和学校有长期友好的合作关系。只要闪光灯一闪，孩子们就得交钱。一年在学校的照相花费大约在50—150美元之间。你要的相片越多，花的钱就越多。

（5）其他机动经费

美国学校图书馆特愿意把小同学当大人看，每周孩子们都有一次图书馆课。在这天，孩子们可以自己用图书卡借书。我家小宝虽然会借书，但他不太会管书。我时常会收到学校图书馆的来信：不好啦，你家孩子把书弄丢了，快找找，实在找不到，就交罚款吧。半年下来，我已经被罚40美元了。

做做加法,你就能大概算出美国公立学校一年大约要花多少杂费(不是学费)。乐观地估计一下,如果孩子可以自己带午饭,一年的学校杂费花销不会超过五百美元。所以,妈妈的厨艺就是美金啊!

36.孩子课外活动花销知多少

最近网间特别流行中美物价的对比。比如说,同样是一百块钱,一百美元和一百人民币在中美都可以买些什么玩意儿?每当我看到这样的物价报告时,心里都会有股负重感。瞧瞧人家对食品物价这么上心,我咋就做不到呢?你看人家把价格都快精确到小数点后 N 位了,我居然连食品物价的个位十位还没弄清楚呢。

不是我装样。在美国,食品确实不是普通百姓平时花销的"大部头"。对我而言,为了吃而精打细算我脑袋里的算盘,有点儿愧对我们全家人宝贵的胃了。胃能有多大呀,它又不是什么无底洞。想吃啥就买啥,不管价格如何,这是我购买食物的总方针。假如吃都不能满足自己,那不就回到了民国时期啦。

除了房贷,我家值得我经常翻看账本的花销,不是食物,而是孩子们的课外活动。我照猫画虎来做个比较,美国的一百美元,可以让孩子参加什么样的课外活动呢?我提供一下美国部分的信息。

美国的一百美元，可以让一个孩子参加如下的课外活动：

（1）两小时的钢琴课（钢琴课收费，每小时50美元）

（2）五次绘画课（绘画课收费，每小时20美元）

（3）3.33小时的网球课（网球课收费，每小时30美元）

（4）0.77个月的单科公文课（公文课收费，单科每个月130美元）

（5）1.33个月的武术课（每周一次课，每次45分钟，每个月收费75美元）

（6）0.5个生日聚会（十个孩子参加的聚会，活动不到两小时，基本收费220美元）

此外，除了学费，还有很多辅助产品需要另付银两。一百美元可以买：

（1）我儿子的一条体操裤（单价：99美元一件）

（2）二宝的两件体操服（单价：50美元一件）

（3）一双旱冰鞋加一个棒球手套

说实话，平时我只是写支票付账，我还真没这么耐心地算过账。今天简单这么一算，我也精确到小数点后面的两位了。根据我的计算，我得出如下结论：生日聚会最贵，公文课（kumon）次之，然后是武术课。教孩子们上课外活动的老师们，钢琴老师最赚，网球教练次之，绘画老师时薪最低（注：绘画老师同一时间教很多孩子）。

中国孩子课外活动要花多少钱?我完全没概念。我有一种直觉,根据工资比例,中国孩子的课外花销很可能要比美国贵。何以见得呢?去年我回国时,我家小宝穿了一套我在美国只花八美元买下的耐克运动衫。这套运动衫,让北京的一位朋友惊讶不已。八美元就能买套名牌衣服?这价格,太便宜了吧。

37. 美国孩子的三大隐私

这几天,一位因为给十岁女儿洗澡被美国警察击毙的中国爸爸的故事,引起了海内外读者的强烈反响。这个悲剧不仅反映了中美国情的不同,也直接涉及了美国孩子的隐私问题。或许国内的读者并不完全了解,保护隐私,是美国孩子成长过程中一个重要的内容。

具体来说,美国孩子有三大隐私,家长和老师必须时刻牢记:

(1)学习成绩的隐私。

无论成绩是优或劣,任何美国学生的学习成绩都属于隐私范畴,美国学校和家长对此都有保护的义务。比如美国中小学老师绝不会在班级公开发布学生成绩,更不会把学生按照成绩高低排队。即使是美国大学,如果老师想公布成绩,也不会把学生的大名张贴出来,顶多用学生证号的最后四个字母代替。

中国的中小学盛行排行榜，我在国内读书时是这样，现在的学校还是这样。今年夏天我回国在一所中学旁听，那天刚好是公布学生成绩日。当语文老师在课堂上按照成绩高低公布成绩时，我真替差等生难过："九十分以上的，有 A，B，C；80 到 90 分的有 D，E，F；没读到名字的同学，我就不念名字了，你们下课要自己去努力。"唉，按照美国人的观点，这是公开的歧视啊。

（2）肖像权的隐私

只要是家长，都爱给孩子照相，美国家长当然也不例外。美国照相虽然很简单，但孩子们的小脸儿并不简单。如果你未经允许就给哪家的孩子照相，若遇到严格的家长，你说不准要吃官司。比如我孩子参加的体操馆就有明确规定，未经允许，绝不可给体操馆的孩子们照相。在美国学校的集体活动中，难免会有集体照。如果你不希望自己的孩子在集体活动的照片中曝光，美国学校会给你一个表格，让你明确说明。

我比较爱给孩子们照相，也时常在博客中贴几张孩子们的照片。有一次，我在博客无意中贴了一张我家孩子和同学们的合影，这张照片被我家孩子发现了。这下可好了，我几乎成了孩子们眼中的大糊涂虫。妈妈，没有允许，你咋就贴我同学的照片呢？赶快把它删了吧。这个小故事并不说明我家孩子死板，而是说明美国教育的成功。不用说教，不用谁提醒，每个美国孩子对肖像隐私都有自觉的保护意识,这难道不是很成功吗?

(3)身体的隐私

早在幼儿园时,美国孩子就接受了身体隐私的教育。美国孩子从小就被教育,如果谁触摸了你的隐私部位,你要向老师和家长汇报。身体隐私,英文以 private part 表达,用以指男女孩子内外生殖器官和女孩子的胸部。

现在我们来看看被美国警察击毙的中国爸爸,到底是哪里做得不合适才使自己丧了命。首先,他对女儿的独立生活能力教育不当。十岁的女孩子,完全可以自己洗澡了,为啥非要父亲帮忙呢?我的这种想法,估计美国学校也有,难怪他们会介入此事。其次,这位爸爸和她的女儿虽然都生活在美国,无论是女孩还是父亲,对身体隐私都缺乏应有的认识。最后,中国爸爸不应该用刀对抗警察,而应先束手就擒,以后再争取申诉机会。

关于这三大隐私,我并不觉得美国人死板,而是认为美国教育更人性化。对孩子隐私的尊重,其实就是对孩子个性的尊重。只有这样,成绩差的孩子才不会被人嘲笑,长得丑的孩子不一定非要到集体照中去曝光,爱惜自己身体的孩子不一定非要被别人来说三道四。了解一下这些隐私常识,不仅在来美国时,有益于入乡随俗,也对中国教育疏忽的某些方面,起到弥补缺憾的作用。亲爱的中国老师们,别动不动就公布学习成绩打击差等生了!

38. 美国妈妈的读书俱乐部

今天在武术馆，我看到美国妈妈朱莉。好久不见，我们寒暄了几句孩子的暑期生活之后，她便捧本书认真地读了起来。据她说，她家的街坊邻居，有一个妈妈读书俱乐部。大约 12 个妈妈，每星期六聚一次，每次由一个妈妈主讲读书内容，其他妈妈参与自由讨论。这些美国妈妈都有工作，平时也很关心孩子们的各种课外活动。

如果说，妈妈的素质可以影响下一代，爱读书的美国妈妈，一定能以更智慧的方式培养她们的孩子。不是我消极，和美国妈妈相比，中国读书的妈妈偏少，这是不争事实。当然这种现象不能完全怪中国妈妈。中国社区的图书馆比较少，身边缺少读书的氛围。美国妈妈爱读书，也不是心血来潮的一曝十寒，这些美国妈妈一定小时候就爱读书，现在只是维持了她们儿时的习惯而已。

中国孩子主要忙于应付考试，因为课外读书时间少，博览群书的兴趣也就不大，孩子在成年以后，阅读的愿望也就没有那么强烈，因而，也就不怎么爱看书了。在如今的中国，除了搞文字工作的女性，爱看书的中国妈妈能有多少？

有时候，中国妈妈又走向极端，一看到写给爸爸妈妈有关哈佛、耶鲁等名牌大学的书，不管三七二十一，拿来就看,还总想拿自己的孩子做实验。读书识理,阅读可以提高妈妈们的判断力,没有广泛阅读以保证基本辨识能力的妈妈们,对孩子判断失误在所难免。即使读了有关哈佛、耶鲁的书,也是白费功夫。

中国和美国,不同的地方确实有很多。妈妈们对读书的热爱程度,就是一个主要差异。不是我悲观,培养中国妈妈的读书习惯,任重道远,即使有 N 代的努力,也不一定能有什么改变。要想改变妈妈,得从改变小女孩的阅读习惯做起。而如今的应试教育,已经填满了孩子们的选择空间。没有选择,就没有改变。这么一想,我无言以对。

39. 海外父母与留守孩子的关系

有一对华人夫妻,在美国打拼十几年,等到所谓的功成名就时,才把自己的孩子从中国接到自己身边。骨肉分别十几年,待到全家人终于在美国团聚时,父母在孩子眼中成了完完全全的陌路人。

从小没有父母之爱的孩子,除了和父母感情生疏之外,还容易自卑。到底什么工作会比我还重要?当孩子对父母有这样的诘问时,孩子的怨气会变成一把刀,狠狠地刺向父母的胸膛。那种痛,还有那十几年的光阴,到底该如何补偿呢?

    无论是爷爷奶奶还是姥姥姥爷，把孩子交给任何人，都无法替代父母之爱。尤其是老一辈，常常用溺爱孩子的方式，补偿孩子父母不在身边时的遗憾。老人家辛辛苦苦忙忙碌碌，他们的着重点，主要是在孩子的健康（health）和身体成长（physical growth）上。当孩子的体重从 20 斤变成 50 斤，从小学生变成中学生时，老人家会无比欣慰。而对孩子的心理成长（inner growth）和心智与灵魂的培养（spiritual cultivation），他们是无能为力的。恰恰是内心世界的构建，对孩子的一生是多么的重要！老人家们已经够辛苦了，我们是不忍心责怪老人在这方面的疏忽，但这确实是一个无法回避的事实。

    当把孩子交给别人抚养时，表面看上去可以为自己节省时间，干一番所谓的事业。最终的结局，很可能是既亏待了孩子，自己也将一事无成。这世上，成功的机会本来就不多，干大事业的人究竟能有几个？大部分人都是平平淡淡终其一生的。成功的机会根本无法预测，孩子却是可以实实在在地陪伴在自己身边。既然如此，为什么非要把孩子交给别人抚养呢？

    我前面提到的那位中国孩子，来到美国后，因为英文不好，只上了普通大学。上大学的好坏，本不是评论孩子是否成功的唯一指标。问题是，美国普通大学毕业生就业难，等到父母想指导他就业时，孩子与父母的想法根本就不在一个频道上。十几年没在一起生活，家长和孩子之间彼此的软肋和着眼点都互相摸不透，家长该怎么对症下药呢？这确实很难。大人的话听不进去，孩子自己又困在谷底，加之孩子又有自卑心理，连女朋友都找不到。这样的结局，难道不让我们觉得痛心吗？

父母是孩子的第一任老师，责任重大，万不可轻易推卸。无论多忙多累多穷，自己的孩子一定要自己养。一家人挤在同一屋檐下，本来就是天经地义的事儿。有悖于常情的事儿，孩子的家长还是要慎之又慎！

40. 孩子如何看父母？

孩子是如何看待父母的？我家大宝在写给《汉纳》杂志的专栏文章中是这样说的：

尽管我的父母是中国人，他们并不总像是典型的中国家长。《虎妈战歌》是个比较极端的例子，它或多或少包含了传统亚洲父母的特点。对大多数而言，亚洲父母通常很严格，目标固定，有时候甚至对孩子很不通情理。的确，我的父母让我们报名参加了各种可能的课外活动。是的，我的父母经常告诉我们不得全 A 让他们很失望。是的，他们总是尽量节约花销，经常使用打折券或者看电影时自己带零食吃。尽管如此，我却要大胆地说，我的父母并不和很多亚洲家长一样，因为他们并不是典型的亚洲家长。当然他们是在经历了漫长岁月的积累之后才达到了这种境界。

在我很小的时候，我根本不理解为什么我的父母会那样行事。他们大大超过了家长对孩子的一般性鼓励，而总是鞭策我们要学有所成。当时他们只给我们提供两条可以选择的路：长大后当律师或医生，挣很多钱（当然也要用自己的收入尽量地多帮助别人）。每次当他们给我们额外的作业，或者带我们去游泳，或者上体操课，或者学钢琴时，我总是私下想，为什么我的父母会有这么令人讨厌的热情，我为什么不能待在家里看电视，或者和朋友们玩呢？对我来说，当时我的父母就是"虎爸虎妈"。不过尽管当时我已经很讨厌这些课外活动了，我的成绩依然出色，这对我的父母来说确实是一种安慰。

我上初中时，我的成绩全部是 A。等我长大些，我们家从美国密苏里州搬到马里兰州之后，尽管我的课外活动终于有所减少了，但我父母还是继续期待着我和我弟弟妹妹学业上的成功。可是搬家后的情况和以前大不一样了。我们所在的马里兰州学区，学业紧张，竞争激烈，我在这里的学习成绩比以前要落后许多。我成绩下滑，再也拿不回全 A 了，这让我的父母很懊恼。尽管如此，他们对我依然有很高的期望值，他们还希望我能像初中那样，轻轻松松地就能全部得 A。可惜，我再也没有实现过他们的这种期待。有一次，在学期成绩报告单上，我得了一个 C，当时我的父母感觉仿佛世界的末日到了。在随后的日子里，当我又得了 C 之后，他们却并不像以前那么紧张了。我敢肯定地说，他们因为失望已经降低了对我的期望值。

我一直相信，在我高中的几年当中，我的父母慢慢地从说一不二的家长变成了无条件支持和爱护我的家长。不，我并不是说他们以前不爱我和我的弟弟妹妹，只是那时候他们爱的方式不一样而已。我觉得他们在看了我成绩单上的前两个 C 以后，他们终于明白，没有人会尽善尽美，每个人都有自己的强项和弱点。尽管我的父母还继续激励我们成功，但他们不再让我们参加每一种课外活动，他们不再限制我们和朋友交往，他们也不再批评我们不能得全 A。当我申请大学时，我的父母并没有强迫我报医学院预科班，虽然我自己还是读了医预科，我的父母却表示，无论我从事什么职业，他们都会为我自豪，而且会从始至终地支持我。是的，当我从医预科变成法律学预科时，我的父母确实很支持我的选择。

很明显，做为亚洲家长，我的父母向我们强调过生活中的某种准则。但他们不再批评我所取得的不理想成绩，相反我的父母教育我要把失败变成教训。我的父母还继续向我们强调严格的规则，比如我每晚必须按时回家。我是在书店里写这篇文章的，因为我父母总觉得在家里学习容易分心。尽管如此，我不愿改变我父母教育我们的方式。在过去的岁月里，他们对我的鼓励，以及在我幼小心灵中播撒的努力积极向上的种子，已经成了我的无价之宝。不管我得意还是我失意，我十分感激我父母对我无条件的爱护和支持。

附英文原文：

Even though my parents are Chinese, they do not always stereotypical ways that are usually ascribed to them. Amy Chua's *The Battle Hymn of the Tiger Mother*, while a more extreme case, more-or-less encompasses the attributes of a conventional Asian parent. To most people, Asian parents are strict, unwavering, and can even be mean to their children. Sure, my parents enrolled us in every single extracurricular activity possible. Yes, they never failed to tell us that they were disappointed when we did not bring home straight A's, which later turned to any A's at all, from school. Yes, they did everything they could to save money, whether it was using coupons or sneaking snacks into movie theaters. However, I would dare to say that my parents, as "Asian"as they are, are not nearly as conservative or stereotypical as many other Asian parents. This, however, took a long time to achieve.

When I was younger, I never quite understood why my parents did the things they did. They went beyond regular encouragement; they would push us to succeed and accept nothing less. They gave us only two viable career paths to follow:become a doctor or a lawyer and make lots of money (and help others, of course) . Every time they'd assign us extra homework on top of our schoolwork, or every time they'd drive us to swim practice or gymnastics or piano lessons, I would secretly wonder why I had such annoyingly enthusiastic parents and why I couldn't just stay at home and watch TV, or play with my friends. To me, even before Amy Chua put a name to it, I was living with tiger parents. However, even though I grew tired of going to these activities, my academic performance was still exceptional, which placated my parents. As a middle-schooler, I was a straight-A student. As I got older and when my family moved from Missouri to Maryland, I eventually phased these extracurricular activities out of my daily life, but their resolute pressure for me and my siblings to succeed in what seemed like every aspect of my life continued. However, things were different this time; the move to one of the most academically rigorous counties in the state of Maryland left me behind my peers, both academically and socially. My grades slipped; I no longer brought home straight A's, much to the chagrin of my parents. They still had extremely high expectations for me to achieve the same level of academic perfection I had so easily achieved in middle school, but it just was not happening. The first time I brought home a C on my interim report card, they acted as though the world had ended. By the time I brought home multiple C's on my actual report card, however, they had mellowed out considerably. I would dare say that they had lowered their expectations as a result of the disappointment.

I believe that during my high school years, and it definitely took years to happen, my parents went from totalitarian dictators to sources of unconditional support and love. No, this does not mean that they did not love my siblings and me before; it just means that they had a different way of showing it in the past. I think that seeing the first two C's on my report card made them realize that not everyone is perfect and that everyone has their strengths and weaknesses. Even though they still pushed us to succeed, they did not attempt to force it by signing us up for every single extracurricular activity, restricting social interaction with friends, or punishing us when we did not get straight A's. When it came time for me to start applying for colleges and to start seriously considering my future, they did not push for me to apply as a science major on the pre-med track. Even though I did eventually did choose to enter school as a pre-med student, they had told me that no matter what career path I chose, they would be proud of me and would support me the entire way. When I changed career tracks from pre-med to pre-law, they were there to support me.

Obviously, being Asian parents, they did continue to en-force some form of structure in our lives. They did not excuse my lack of success; instead, they turned it into a lesson. They still enforce strict schedules for us, and I still have a curfew. I'm writing this at Barnes and Noble because they still believe that being at home distracts me. However, I would not change a thing about the way they have raised us. The encouragement they have given me in the past few years, as well as the drive to succeed they had ingrained in us at an early age, has been invaluable, and I am incredibly thankful that they have sup-ported me and continue to support me through the good and the bad.

第五章

感受美国社区大学的教育

41.走进社区大学的第一天

为了文学梦，离开学校多年的我，再次踏进离家较近的社区大学。经过常规的申请程序和英语考试，我被社区大学录取了。我有了学生证号码，也有了修课顾问。我又要做学生了！今天我再次背起书包，走进美国社区大学的教室学习大学英文写作。

上课前，我心里有点儿打鼓。孩子都上大学了，我还瞎忙乎啥呀？我这岁数，不得让人笑掉大牙。等我走进教室一看，我却高兴起来。班上的二十几个同学，啥岁数的都有。最让人感到意外的是，班上还有一位白发苍苍的华裔老人呢。后来经过和他交谈我方知，他是早年退休的工程师，现在他重返校园，也是为了学习写作。

我们的写作老师是位四十岁左右的美国女士。据她自己介绍，她是三个孩子的母亲。老师刚介绍完自己，她的手机响了。原来是她八岁的女儿发来了信息：我病了（I am sick）。看来女人无论从事什么职业，都离不开对孩子的牵挂。教室里坐着一屋子的学生，家里的事儿再急，老师也得完成这堂课。

和二十多年前在美国上学的我相比，今天的我有几大变化。年龄不再青春，这是显而易见的变化。另外，我的听力应该是没什么问题了，因为老师说的每个单词我都听得懂。最大的变化是学校里的一切一切都电脑化了。老师明确表示，教室里没有讲义和课本，一切都在网上。今天的年轻人都不怕网，上面提到的那位中国长辈对网络也十分熟悉，我使用网络教材，也还可以吧。

第一节是写作课，老师主要介绍教学进度和评分标准。之后，课堂上马上来了个突击考试，就考老师刚刚说过的内容。比如，她在哪个办公室？答疑时间是什么？旷课几次考试自动不及格？有一个问题特别有趣，老师问，这门课的主题（main theme）是什么？你猜这道题的标准答案是什么？答案不是考试得A或者当作家，而是快乐（HAPPY）！

在简单轻松的介绍之后，老师让每个学生现场写篇作文。我一听，真有点儿发蒙。虽说我天天用中文能写几个字儿，但我平时几乎不用英文写什么东西。即使给大宝写信，说的也就是吃饭、睡觉、学习那些简单的句子。语言不用就退化，可能很多简单的英文单词，我都不会拼了。这么一想，我心里还真紧张了一下。但老师的作业是逃不掉的。于是，我开始写，写好了这篇作文。

回家以后，好奇的二宝非要看我写的作文。别看我平时对孩子们吆五喝六的，在他们面前，英文绝对是我的软肋。望着二宝央求的眼神，我只好扭扭捏捏地从书包里拿出作文，满足一下她的好奇心。读后，她对我的评价很客套，不错（idea），组织得有点儿乱。唉，能不乱吗。一屋子的人，我的注意力根本就集中不起来。要是让我参加中国高考写作文，估计我都要不及格。我当然明白，还是咱的功夫不够啊。

为什么非要去上这门写作课呢？我的英文，应付生活和专业还行，但文史哲的词汇，我差得太远。学英文，是我走进美国社区大学的主要原因。这门课，是修文史哲的拦路虎。只有通过这门课，我才能去学其他专业课。

42. 美国社区大学师生面面观

对很多中国小留学生而言，社区大学很可能是他们来美国就学的第一站。因此，全面了解美国社区大学的师生面貌，对小留学生尽快熟悉并适应美国学校会大有帮助。为了述说方便，我以问答的方式介绍一下美国社区大学的概貌。

（1）只有成绩差的学生才去美国社区大学上学吗？

否。在中国，别把村长不当干部，别拿豆包不当干粮。在美国，别把社区大学不当好学校。美国人虽然也崇拜名校，但很多美国家长对名校的热衷程度不如中国家长那么强烈，同时美国人也很讲究经济效益。有相当一部分学生，当然也包括中国小留学生，他们来社区大学上课是出于经济方面的原因。和我一起修过美国文学课的一位美国女生直言告诉大家，她来社区大学上课主要是为了省钱。这位女生在我们班上是个成绩特别优秀的学生，我看她那架势，应该是常青藤名校的料。为了省钱上社区大学，确实是一些美国优秀高中生的自我选择。在我修的大学作文课上，一位成绩优异的美国男生告诉大家，他妈妈正在读医学院，家里经济太紧张，他来社区大学过渡两年后再转到四年制大学。

（2）社区大学的课程比四年制大学简单吗？

否。社区大学的老师终生以教学为主，他们没有科研任务，他们的精力都用在教学上了。加之社区大学的老师都是硕士或博士，所以社区大学的教学质量并不比四年制大学差。我本人在美国读过博士，班上也有美国四年制大学的学生。根据我们的共同体验，我们觉得社区大学的教学质量不仅不比四年制大学差，有时候社区大学还有优势。这是为什么呢？这是因为社区大学是小班教学，教授和学生可以近距离交流。当学生遇到困难时，可以直接和老师联系以求帮助。社区大学的功课并不简单，如果不好好学习，功课照样不及格。

（3）社区大学的作业量和考试情况如何？

我今年选修的都是文学课，如果我用"忙得焦头烂额"来形容应付社区大学作业和考试时的状态，真的一点儿都不过分。总有大量的阅读，总有各种各样的考试，总有写不完的文章，时常还会有课堂报告，这些忙不完的功课和考试基本是社区大学每门功课的常规状态。所以说，如果你抱着来社区大学混的心态，你是死定了。我们班上的成绩虽然不公开，但在老师的网上记分册上，我们可以看到班级的平均分和最高最低分。在我修的很多课当中，班级考试的平均分经常是 70 分左右，最低分当然是不及格的了。我认识一位美国高中的华人中文老师，有一次她在社区大学注册了一门文学课，因为作业和考试太多了，她有些应付不了，最后她放弃了这门课。由此可见，社区大学的功课并不简单，小留学生千万不能抱着社区大学好混的心态在这里混。

（4）如果英文口头表达能力不好，该如何应付社区大学的各种功课？

在我今年选修的六门课当中，几乎每门课都需要学生在课堂上做演讲。虽然我在美国拿过理科学位，这种演讲难不倒我，但我也觉得应付这种演讲需要耗费大量的时间做准备。尤其是几人一组的联合演讲，又需要具备与其他人协调交流的能力。

我上的亚洲文学课上有两位国内的小留学生。这两个姑娘面善，说话得体有礼貌，一看就是好孩子。一位是国内商务英文专业的大一学生，她降级到美国的社区大学就读之后，觉得上课时英文非常费劲。这位朴实的女留学生不禁感慨道，在国内学的那些东西，到了美国根本就不行。另外一位女留学生随即补充道，美国社区大学里修的亚洲文学课太难了。即使是中国文学部分，议论文也写不好，读小说读得要吐血。我对第二位女生的慨叹感同身受。

小留学生初来乍到，如果英文和沟通能力都欠缺，这种演讲作业能愁死人。我以前确实读过一些小留学生写过的这类文章，他们都谈到了应付这种演讲作业时的烦恼。刚来的小留学生为了回避这种烦恼，可以考虑修社区大学的在线课程（Online classes）。在线课程比较适合口语暂时不好的小留学生，因为在线课程没有面对面的演讲作业。

（5）社区大学的老师对学生要求很严吗？

美国老师都很严格，社区大学老师当然也不例外。像抄作业，或者是剽窃别人成果的事儿，你丝毫不要动这样的心思。老师对学生的严格可以表现在几方面。如果你上课不认真，老师会当面让你难堪。

有一次，我们上亚洲文学课时，一位美国学生坐在电脑前看鞋子的广告，老师二话不说，走过去就是一通警告。我们的儿童文学老师，有时候还会有突然袭击式的考试。这种考试本身很简单，但如果你没预习或者复习，你就根本不会。一次我上课前没来得及复习，小考试只得了40分。好在我其他所有的作业和考试都不错，它们遮盖了这个让我感到羞愧的分数。

记得有次考试，本来自己得了九十几分，但我在电脑上答题时，把答案和题目张冠李戴了。老师出了五道题，让我们选答四个，这么一选择，我就出错了，不知咋弄

的，我把小说的回答放到了诗歌题目下面。结果老师一分
都没给我。我辛辛苦苦答的题，最后落了这个下场。我实
在不甘心，便给老师发了信，解释了我因电脑操作有误而
造成的意外失分。美国老师看上去笑眯眯的，但绝对不讲
情面，始终没给我回音。我安慰自己说，只要学到知识，
分数对我用处并不大。虽然如此，我还是特别纠结。孩子
爹笑话我的认真劲儿。是啊，我前阵吃了两张交通罚单都
没这么郁闷。我这书呆子的优良作风传承至今，企盼着夜
里在睡梦中，能从老师那里要到一些分数！

总而言之，美国老师看上去都是慈眉善目的，但他
们绝对不会因为各种祈求而高抬贵手。对于学习和考试，
千万别存侥幸和偷懒的心理，不要奢望从老师那里讨到可
怜的一点点分数，老师们对于分数是绝不会心慈手软的。

（6）社区大学的学生都是什么样的人？

社区大学的主要学生来源是应届高中毕业生。在这些
学生当中，有因为考虑经济原因来此就读的优秀高中生，
也有像我这样回炉进修的老学生，也有美国高中老师来社
区大学补课。比如在我选修的世界文学课上，有一位教美
国高中英语 AP（大学选修）课的老师也在这个班上。社
区大学学生的多源性，形成了社区大学独特的学生群体。
无论学生来自哪个领域，这并不排除社区大学的学生里，
确实有考不进正规大学的美国高中生。估计这些学生就是
每次考试都不及格的那些人吧。

总而言之，来社区大学就读，不要以为所有的社区大学学生都是"学渣"，也不要以为社区大学的老师都是"活菩萨"。如果你不好好学习，在社区大学你照样会考试不及格，甚至是被迫放弃某门功课。令人欣慰的是，在我结识的那些中国小留学生当中，几乎个个都是好样的。我估计他们也是因为考虑经济原因的优秀学生吧。我去社区大学上课，也有自己的原因，因为这所社区大学离我家很近，方便我照顾孩子和家庭。我在社区大学所收获的学问，已经超过了我自己多年瞎琢磨的许多知识。所以我很感谢社区大学，我也希望小留学生们对社区大学也会怀有同样的感恩之心。

43.美国文科教育中的独立思维训练

我修了一门美国文学课，除我之外，这门课上所有的学生都是美国人。据我所知，刚来的小留学生不太敢修这样的课。假如课堂上一个中国人都没有，初来乍到的小留学生们会觉得紧张。这种心态我太理解了。我刚来美国时，也是这样的心态。作为唯一的外籍人，在这个美国文学课堂上，我时时能体味到美国文科老师所提倡的独立思考训练所带来的压迫感。

上课第一天，老师就明确指出，这是一门以讨论为主的课程，班上的每个人都要发言，而且所有的问题都没有标准答案，只要每个人能自圆其说，就能得高分甚至是满分。假如是二十年前我刚来美国时，我若遇到这样的课程和老师，我肯定会发愁。在中国，我已经习惯了老师照本宣科。学生背诵标准答案的教学法。美国老师居然说连标准答案都没有，我该如何下手呢？好在我已经在美国生活二十多年了，无论以何种方式和美国人交流，我基本没什么问题。听了美国老师的课堂要求之后，我的心里充满了好奇。

　　上了几个月的课，根据我亲身的体验，美国文学老师对学生独立思考的训练主要有两方面。第一类是评价文学作品，第二类是为文学作品写续集。在第一类训练中，老师会要求我们评价一首诗歌或者小说。比如评价诗歌，老师的问题是，你喜欢哪句？你不喜欢哪句？请说出你喜欢或者不喜欢的理由。在我看来，这种训练太有趣了。每个人对诗歌的理解都有自己独特的视角，不同的视角，会导致不同的感受和见解。美国老师在开学第一天所说的问题没有标准答案，指的就是这种训练。这种作业，谁都抄不了谁的。老师根本不用打假，是骡子是马，老师一眼就能看穿。第二类训练是为文学作品写续集。这种作业，不仅可以考察学生对某部文学作品的理解，也可以训练学生的独立思考能力。比如我们读了一部美国长篇小说《如果他吼叫就让他离开》（If He Hollers Let Him Go）之后，老师要求我们为这部小说写续集大纲。老师的问题是，小说中的黑人男主人公因得罪了白人女性被革职充军后，在美国部队里，他将会面临怎样的命运？这个作业极大地激发了我们的想象力和创造力，全班同学人人都在自己的文字中勾画着男主人公的未来。除了上述两大类作业，我们还会在名著和根据名著改编的电影之间做比较，看看二者有什么不同。没有自己的独立思考，这种比较的作业，我们也写不出来。

美国文科教育中的这种教学法，让我大开眼界，我从中也尝到了独立思考的乐趣。在我的印象中，我在中国的中学或者大学上过的所有文科课程，全都服从一个模式：老师拼命地讲，学生玩儿命地记笔记，考试时只要一本笔记在手，考试内容基本不会与此偏离太多。难怪我结识的一位美国华人文科老师跟我诉苦，她直言道，在中国教学比在美国教学容易。在中国，老师主要是照本宣科，要想讲得好，老师只要好好备课就可以了。在美国，老师要调动全班的积极性并组织各种各样的讨论。一旦在讨论的过程中全班冷场，讲台上的老师就特别尴尬。根据我自己的亲身经历，我非常理解这位美国华人文科老师的心理压力。身为老师，她需要尽快适应美国学校的这种教学方式。

一提起独立思考和创造力，人们很容易想到理工科中的发明创造。其实文科中的独立思考与理科中的独立思考和创造力是如出一辙的。无论是文科还是理科，一个人如果没有独立思考的能力，他的创造力就无从谈起。美国老师对我们独立思考的训练，其实也在间接训练着我们的创造力。

也许有读者会有疑问，美国大学文科这种独立思考的训练并不稀奇，咱们中国大学文科也有类似的训练，这种疑惑，完全可以理解。关键是，美国小学也有这种独立思考能力的训练，这些鼓励学生独立思考的教学方法，应该值得我们思考和借鉴。比如我家五年级的小学生就有续写寓言小说的作业。中国小学的语文教学，会有这种作业吗？如果我们的回答是否定的，我们也就部分理解了为什么我们中国学生只会考试，而独立思维能力的培养却大受限制的现实。

时常能听到国内的教育学者对中国学生的创造力不足表示担忧，既然提高创造力必须从培养独立思考能力做起，无论是中学还是大学，若能改变现有的灌输式的教学方式，并大力提倡启发式教学，这对提高中国学生的独立思考能力和后续的创造力一定会大有益处。问题是，对这样的教学方式，学生们会习惯吗？各位老师有随机应变启发学生思考的能力吗？关在笼子里的小鸟，即使翅膀再健壮，也飞不出笼子的束缚。所以说，提高中国学生的独立思考能力和创造力，肯定要从改变老师的教学方法入手，解除现有教学法对学生思维的束缚，而不是一味地消极抱怨中国学生"这不行那也不行"。

44. 美国教育中批判性思维训练的三部曲

我们常在教育文章中读到批判性思维这几个字。到底什么是批判性思维，还真容易让人晕晕乎乎搞不懂。这几天，我刚好接受了一个批判性思维的训练，用这个例子来说明批判性思维的概念，应该最合适了。

莎士比亚虽然很伟大，但批判他的人真不少。比较严厉的评论家认为，莎士比亚作品中充满了暴力、死亡、乱伦。在这些评论家看来，莎士比亚最严重的罪行是他不敬神，对天堂和地狱，他都不在乎。关于这个批判性思维的训练，老师首先让我们读评论家对莎士比亚的批评，然后老师给我们出题，让我们从个人的视角点评这些评论家，说出自己支持或者反对莎士比亚的理由。这种批判性思维训练的特点之一是，无论是支持还是反对莎士比亚，只要你能自圆其说就可以。这种训练没有标准答案，每个人都可以侃侃而谈。

这个作业满分 20 分，我得了 19 分，是班级最高分。班级最低分是 8 分，平均分是 16 分。这个分数说明什么问题呢？它间接说明即使是美国学生，也不是每个学生对批判性思维（critical thinking）全部在行，这种思维训练的班级平均水平大概是 B 而已。

我们班批判性思维训练的三部曲是：

（1）阅读评论家对莎士比亚作品的批评意见。

（2）老师出题让大家探讨评论家的观点。

（3）独立思考，写出自己的观点。

类似的训练在其他课程中也有。无论是何种思辨方式，提出自己独特的见解，不人云亦云，是批评性思维的精华所在。中国学生比较缺乏这方面的训练。如此状态应付中国学校还行，一旦到了美国，不会批判性思维的学生会有挫折感。

45. 有趣的美国大学写作课

我虽然很喜欢文字，也不讨厌英文，但我并没有用英文写作的打算。我之所以修了一门大学英语写作课，完全是因为"曲线救国"的缘故。

这么多年来，经历了苦海学涯和理科科研的磨练之后，我的目光，一直没离开过可以让我的细胞跳跃飞扬的文学。文学仿佛是我不离不弃的情人，当所有的故人都离我远去的时候，我心中的文学情结依然健在。

对心爱的文学，我瞎读瞎看瞎琢磨，总有盲人摸象之憾。为了深入文学的内核，我计划在美国大学系统地修一些文学课。大学写作课，就是主修文学课前的预备课。换句话说，在美国，为了触摸文学，我必须先学会用英文写作。

趁着近水楼台之便，目前我在自家附近的社区大学与文学遥望。众所周知，和正规的四年大学相比，美国的社区大学学费低廉，课程相对灵活。我是理科生，从来没修过文科课程，加之我的年龄已过不惑，家里又堆着一地"鸡毛"，于是社区大学便顺理成章地成了我摸着石头过河的第一站。

我们这个写作班大约有三十名学生，大家的年龄在十九岁至八十岁之间。走进课堂的第一天，当我看到满头银发的中国伯伯时，我惊讶得不知身在何处。年过八旬的同胞都能修大学写作课，我的自信心顿时大增。

我们的写作老师是一位年近四旬的美国女人。她身材优雅，笑容宜人，声音清晰而甜美。传说中的文科教授，果然风采不凡。每次上课，我都能得到知识和感官的双重享受。

我没上过中国的大学写作课，关于这种写作课，我对中国大学不敢妄言。反正据我所知，即使是美国的理科生，也要上大学写作课。比如我家大宝是这样的，我身边的医学预科同学也是这样的。

上课第一天，美女老师就明确表示，这是一门会让大家都高兴（happy）的课程。我觉得，学生只有得 A 时才会真高兴。老师，你会让我们大家都得 A 吗？

在昨天的最后一节课上，我看了看自己的成绩单。乖乖，我不仅得了 A，而且我还得了高 A 呢，我的平均分居然高达 98 分以上。那天我做口头报告时，不巧患了感冒。即使我嘟囔的鼻音，也没妨碍我得了满分。是美国老师太大方了，还是我真的很有才呢？哈哈。美国大学不公布学生成绩，班级的平均分我也不知道。我还是自己偷着乐吧。

这门写作课的有趣之处是，尽管班上所有的学生都写同一个主题，但大家的作文都各有千秋，谁都不会步他人之后尘。比如我们的第二个作文题目是，世上什么东西让人们缺少幸福感？

当老师布置完这个作文题以后，全班立刻炸了锅。美国学生爱发言，我算是见识到了。学生哇啦哇啦地争先恐后发言，老师噼里啪啦手疾指快地用键盘录入学生的答案。最后大家认为，战争、枪击、儿童虐待、破产、肥胖、疾病、家庭暴力、贫穷等等都会让人们感到不幸。轮到我发言时，我顺口应景又说了一个，空气污染也会夺去人们的幸福感。

每个人都写一个和不幸有关的话题，谁都不重复谁。在讨论和辩论的过程中，这门普通的写作课几乎快成了时事政治的研讨会了。战争啊，枪杀啊，只要一上口，美国学生就口若悬河，如鱼得水，而且掌控着绝对的话语权。我和中国伯伯虽然也能举手发言，但咱说的是外来语，在英文语速上首先就不占优势，我们真的抢不过说英语像喝自来水似的美国孩子们。

　　说完不幸的话题之后，老师又让我们返回来谈幸福。我们第三篇作文的主题是，当地哪家机构组织能给人们带来幸福？这个题目很简单，但也很辽阔。大家可以根据自己的经历，信马由缰地滔滔不绝。你发现没有，这门美国大学写作课总给学生提供选择的机会。在老师规定的范围之内，写什么话题，学生可以自己做主。这一点，让我非常欣赏。

　　在最后的几节课上，全班同学每个人都要上台演讲，报告自己选择的机构组织，并简要说明这个组织为什么会给人们带来幸福。每个人讲完自己的作文之后，好戏还没收场。老师给我们布置的最后作业是，在所有的学生报告中，你最喜欢哪一个？你为什么喜欢这个报告？你从这个报告中学到了什么？

　　这门写作课上到最后，我越来越意识到，美国老师特别擅长启发式教学。无论是美国高中老师，还是这位社区大学的老师，他们总会给学生以讨论和选择话题的机会。我原本以为这会是一门枯燥的写作课，从头到尾走了一遍，我才发现写作课居然可以用讨论和辩论的形式为先锋，以国际民生为关注的对象，在写作中广泛思考社会问题。

　　就冲着上述这些原因，这门写作课不仅有趣，而且也值了。因为我确实从这门写作课上学到了我在书斋里学不到的知识。最让我惊诧的是，我的一位美国同学居然是自闭症患者。当他站在讲台前侃侃而谈时，我为他旺盛的生命力而惊叹。在我眼里，他是和阿甘一样出色的英雄。他的彬彬有礼和自信的神情，打破了我对自闭症患者的偏见。于是，我写了下面这篇小结为他喝彩。这门有趣的写作课，也就此彻底画上了句号。

下面是我写的小作文，主要是评论别人的演讲，有字数限制，美国老师给了我满分。当我把这篇英文作文贴到我的海外文学城博客以后，在美国大学就职的华人教师（教授）康无为先生点评了这篇作文。根据我的理解，中美老师在评判作文时的标准不太一样。美国老师主要看论点，忽视语法等细节，而中国老师非常重视语法细节。

附：我在写作课上写的最后一篇作文（译文）。

我真的很喜欢内森先生题为"服务式学习"的演示文稿。在他的演讲中，介绍了能给当地居民带来幸福的命名为商誉产业的组织。

我选择这个题目，是因为我从内森的演示文稿中学到了很多，我真的很欣赏这个组织的仁慈，它主要是为有特殊需要的人提供教育、儿童护理和精神支持。此外内森的个人故事深深地触动了我的心。

作为一个患有弥漫性发育障碍的病人，内森自童年起就遭受了与这种疾病相关的病症折磨。虽然这种病之于他犹如晴天霹雳，但内森在医疗的帮助下，克服了大脑发育中的轻微缺陷，并努力让自己变得更好。对我来说内森是一个伟大的英雄，就像阿甘一样。

在听完此演示文稿之后，我同样从内森那里得到了珍贵的启示。尽管是轻微的自闭症患者，内森依然是一个有礼貌、整洁和自信的年轻人。我同时也认识到自闭症患者不是怪物，他们可以过上体面的生活，就像我们这些被称为健康人所拥有的一样。

总之，内森的演示文稿改变了我对于自闭症患者的偏见。他愿意帮助患有同样疾病患者的善良愿望值得我为他点赞。好样的，内森！

英文原文：

I really enjoy the presentation entitled "Service Learning"by Mr. Nathan. In his presentation, Mr. Nathan introduced an organization named Goodwill Industries that brings happiness to the local residents.

I choose this topic because I learn a lot from Nathan's presentation and I really appreciate the beauty of this organization, which mainly provides education, child care and spirit support to people with special needs. Furthermore, Nathan's personal story deeply touches my heart.

As a patient of pervasive developmental disorder, Nathan has suffered the symptoms related to this disease since his childhood. Although this disease is a big thunderstorm in his sky, Nathan has overcome the mild defect in his brain development with the help of medical treatment and his own willingness to get better. To me, Nathan is a great hero just like Forrest Gump.

After listening to this presentation, I also learn a valuable lesson from Nathan. Despite being a mild Autism patient, Nathan is a polite, neat, and confident young man. I also understand that Autism patients are not monsters and they could have a decent life just like we so called healthy people have.

In summary, Nathan's presentation gets rid of my bias to Autism patients. His good manner and his willingness to help the patients suffering the same disease deserve my big applause.

Way to go, Nathan!

46. 在美国读文科，好累！

一位网易读者看我天天在博客张贴英文资料，好心地表扬我真用功。唉，我哪是用功啊，我是被老师逼的。我们每次上课时都坐在电脑前，老师和我们在课堂上经常靠网络对话。老师让我们读啥，我得赶紧往博客里复制一份，免得以后遗忘。

以我这个理科生的视角来看美国的文科教育，我不禁发出一声无奈的惊叹，在美国读文科，好累呀。那么，在美国读文科，到底累在哪儿呢？好，我现在就和你唠叨唠叨。美国文科生肯定是能写会说的，但我们很少看到美国文科生在网上抱怨累，为啥呢？估计是文科生没时间抱怨。我今天就矫情一次，以后我肯定也没时间抱怨了。

我目前上的几门文科课，基本都是以自学为主，老师只是提纲挈领地说说重点，大量的小说、剧本、诗歌，全靠我们自己阅读。每周都有大量的阅读要求，每周都有大量的作业和考试。比如我们的亚洲文学课，老师只简单地说说儒教和道教的基本概念，然后就让我们自己找资料比较儒教和道教的区别。

在学习诗歌的课程时，老师更是别出心裁，把我们全部赶出了课堂。四月是诗歌月，据说在美国大学校园里，每个人的书包里都应该有诗集。老师将我们带到户外，沐浴着温暖的阳光，全班同学在校园小剧场处轮流读诗。户外读诗，我好像在电影里见过。今天我们仿佛置身于电影中，沉浸在诗歌的美丽与哀伤之中。我稀里糊涂选了一首惠特曼的诗。等到我上场时，发现有个字念不好。我虚心向坐在身边一位来自加州的美国黑人女孩请教发音后，就匆匆上场了。我一直以为读诗是诗人的专利，经历了一次校园读诗活动之后，忽然觉得诗歌离我近了。每个人读诗之后，都会得到全班人的热烈掌声。虽然有两处我结结巴巴了两下，但全班同学的掌声依然热烈。读诗过后，班上一位美国男生私下表扬我居然把那么难念的单词给念对了。噢，那个单词就是我向加州女孩请教的那个。看吧，我连朗诵一首英文诗歌，都要被不轻不重地磨难一下。

再举一个例子，我们今天考老舍和鲁迅的两篇小说。对这两部小说，老师根本就没讲过一个字。若事先不好好阅读，在考题面前，全体学生一律秒变傻瓜。别以为咱读过中国小说就不用担心了，若不看书，我照样不灵。用英文表达中国思想，必须要融洽地调和中、英文的语句。右派咋说？百花齐放百家争鸣咋说？即使我知道中文答案，不看英文书真行不通。

美国老师经常用电影和电视节目补充教学。比如学莎士比亚的《奥赛罗》时，我们直接读原文。那老式的莎士比亚英文，真难啃啊。我艰涩的感觉，估计和外国人读《诗经》时的感受不相上下。我读完英文读中文，对照来对照去，还是不能完成老师的要求。

我们有一个作业，需要比较《奥塞罗》电影和莎士比亚原著有哪些区别。本来看电影应该是件轻轻松松的事，我带着任务看电影，真是压力重重啊，而且我必须要有鸡蛋里挑骨头的本领才行。多年前在美国俄亥俄大学（Ohio University）读书时，我特别羡慕那些电影系的同学们。据说他们天天看电影写影评，能不让我羡慕吗？时隔二十多年，当我也有天天看电影写影评的机会时，我觉得带着任务看电影其实并不轻松。

莎士比亚的作品被好莱坞改成了好几个版本，我们的任务就是观看每个电影版本，然后各个击破，写出老师要求的影评。作业里的电影，保留了莎士比亚《哈姆雷特》的原味儿，影片长达 4 小时。我边看电影边翻书，把电影里的台词和莎士比亚原著对应起来。之后，我啃了几部不同形式和风格的莎士比亚剧本，还读了莎士比亚原汁原味的原著。啃过几部之后，再读现代英文原著，感觉轻松多了。我总算完成了这个作业。真是费老劲儿了。写作业时，我觉得自己就是一只特认真的笨鸟。还好，这次作业老师给了我满分，真可谓功夫不负苦心人。

曾经有一个压力山大的作业，真差点儿把我压倒。美国的橄榄球（superbowl）比赛，我从来就没看过，我没兴趣，也看不懂。但我们的美国文学老师，让我们从头到尾看这个比赛，而且连比赛期间的广告和音乐会都不能放过。老师让我们在这场球赛中，寻找美国当今的社会符号。为了完成这个作业，看比赛那天，老公都被我轰到一边去了。去，去，别打扰我看电视，快给我买比萨饼去。为了不遗漏比赛细节，唉，连卫生间我都轻易不敢去呀。看完比赛时，已经是晚上十点半了，老师让我们夜里 12 点以前必须交上作业。你说我累不累？

还有一种密集型的课，极度压缩课时。我修的一门美国历史课，16 周的课要 3 周完成。我很少为修课累，这次真是累了。老师告诉我们，每天要读 4 至 6 小时，周末也要如此。否则，你不会考好。

　　我每天忙，读不了这么长时间，周末还要照顾孩子和家人。于是，我只好动用囫囵吞枣的功夫，加快阅读速度。我的经验是，如果只是普通的阅读，不需要每个字都弄明白，经常查字典，会破坏阅读兴趣和语感。没见过的单词，可以根据上下文意思猜，我试过几次，经常可以猜得八九不离十。读完了500页的美国历史教科书，接着看26个话题的录像，再写23个作业。参加期中考试时，48小时之内，我就完成了3个作业，一个在线讨论和一次考试。这个月的时间实在紧，好在就要熬出头了。我这纯粹是自己苦自己，偶尔会问自己，何必呢？但凡事我不愿放弃，就这样坚持了下来，坚持就是胜利。其实人生本无失败与胜利一说，何况是一门小小的美国历史课。但我凡事追求完美，因此才会更累。

　　总而言之，美国的文科教育太灵活了。老师会布置大量的阅读和写作作业，根本就不是捧着书本背书考试的模式，课上气氛一直特别热烈，主要是讨论式的，上课以探讨议题为主，大部分的知识是靠自学，老师上课只是蜻蜓点水式的点到为止。这种教学方式要求老师具备组织讨论的能力，而不是灌输能力。只要学生对讨论话题有兴趣，就不会有人睡觉玩手机。教育模式的改革，是以改变老师的教学方法为首，而不是一味责怪学生不配合老师的教学方式或者讲课内容。

　　我没在中国的大学上过文科课，不知道中国的文科课都是怎么上的。是不是也这么累呀？即便如此，我依然觉得受这份累是非常值得的。文科课带给我的最大收获是：我更好地了解了美国，也更好地了解了美国教育。

47. 迟到后撒谎的美国大学生

如今我重返校园，和美国大学生一起上写作课。在老师的指导下学习英文写作，对我来说还是头一次。学习新知识，让我的内心充满着喜悦，我顿感年轻了许多。

上课第一天，美国老师就强调了课堂纪律：晚到5分钟算迟到，迟到6次算旷一次课。

我自付学费，又是大龄上学，而且心里非常渴慕知识，像迟到早退这种事儿，肯定是不会发生在我身上的。虽然我如此严格遵守课堂纪律，但班上的其他美国大学生就不一定是这样了。

第一次上课，全班黑压压一片。第二次上课，黑压压一片中间出现了一些零星的空缺，班上少了好几个学生。从那以后，每次上课全班都不能"大团圆"。不是黑人妈妈没来，就是白人妹妹没到。每次上课，老师都点名，每次缺课的学生总是此起彼伏，真是"按下葫芦又起瓢"。

昨天上课最逗。有一位黑人男学生迟到了十五分钟。当他嘴里含着口香糖，慢腾腾地走进教室时，他的脸上并无急色。明知故犯，不思悔改，对这样的学生，估计老师不会太高兴。都迟到了，还不快点儿跑两步，态度哪去了。

我们这位英文女老师四十岁左右，英文说得特清晰，清晰得像广播电台的播音员一样。这位迟到的男生，显然打断了她的讲课思路。为了表示不悦，当着全班的面，这位老师开始"公审"这位男生了，于是就有了下面这样的对话：

为啥迟到？

出门前，我的车坏了。所以晚了。

那你的车现在修好了吗？

嗯……修好了。

谁帮你修的？你自己会修车？

嗯……我……会……修车……

美国女老师发问时，并不是怒气冲冲的。她满面春风，笑意盈盈。总共只有六句对话，美国老师就让这位迟到的学生现了原形。迟到就迟到呗，撒什么谎呀。出门前车坏了，蒙谁啊。要是车真坏了，你根本就来不了学校。

老师天天和学生打交道，对付迟到的学生一定是经验丰富的。哪些是谎言，哪些是借口，哪些是无奈，哪些是胡诌，老师肯定会了然于心。记得在我们的第一节课上，这位美国老师就明确表示过，她最不喜欢撒谎的学生，尤其是撒低级谎言的学生，简直是应该打入冷宫。据老师介绍，以前她有一个学生，总用参加葬礼为理由撒谎旷课，这学生的奶奶，都死了四回了！

如何识破谎言，是个简单而又复杂的学问。一旦被人看穿了西洋镜，真是尴尬啊，就像这位美国黑人学生一样。

第六章

美国教育中不可回避的问题

48. 中国孩子在美国学校惹麻烦了

小宝同学今天放学回家，向我严肃地报告了一件大事。他的好朋友小杰同学，昨天被校长点名批评并关了小禁闭。仔细一问，小杰同学昨天和同班的黑人同学发生了种族冲突，最后的结果是黑人孩子没事儿，中国孩子却被学校惩罚了。

事情的来龙去脉是这样的。两个月前，小宝班上转学来了一位黑人孩子。这孩子不仅皮肤黑，心眼儿也有点儿颜色。不是咱们歧视他，而是同班同学都觉得这黑人孩子属于爱惹事的主儿。这不，昨天这黑人孩子和咱们中国孩子小杰突然有了激烈的冲突。

首先是黑人孩子骂咱们中国孩子是中国佬。听了黑人孩子的歧视称呼，咱们中国孩子小杰当然没示弱，马上回骂了他一句N-Word①。好家伙，这黑人孩子听到别人骂了他，索性来个恶人先告状，把小杰同学告到了校长办公室。这下可乱套了，小杰一下子成了全校人人皆知的"公众人物"。

有传言说，小杰被校长带到校长室训话以后，心情不好，离家出走了。我听了真吓一跳。我觉得这孩子真够委

---

① N-Word 是 nigger 或 negro 的替代用语。美国目前公开场合尽量避免使用带有歧视性的 nigger 或 negro 一词。

屈的，明明是自卫还击，却被对方先咬了一口。美国的种族问题经常由某个称呼引起，无论大人还是孩子，歧视美国黑人的 N-WORD，是万万不可说出口的。瞧瞧，美国小学生说了一个 N-WORD，麻烦马上就来了。据可靠消息，这事儿还没结束。明天校长要召见小杰的妈妈问话。祸从口出，果真如此啊。

49. 通宵写作业的美国高中生

国内家长对美国中小学教育的认识有一个重大的误区。很多家长认为，美国学校学习轻松。为了不让孩子在国内受罪，有条件的家庭就会把孩子送到美国来读初中或者高中。其实美国高中生并不比国内的高中生轻松。除了应付功课，美国高中生还要参加很多课外活动。加之有的美国学生在高中时就开始修大学课程了，功课难，课外活动多，时间紧，很多美国高中生严重睡眠不足。有次孩子爹看了看二宝正在上的美国生物 AP 课本，很有感触地对我说，孩子这门课程太难了！说是大学课程，其实是生物研究生的课程。之后我问二宝，你们在学 exon, intron and RNA splicing① 吗？二宝回答是 yes。唉，这些是我们上博士时学的内容。美国高中的超前教

---

① exon, intron and RNA splicing 是生物学专业用语，即外显子、内含子和核糖核酸（RNA：Ribonucleic Acid 的缩写）剪接。

育，真是累苦了孩子！

有时候，为了得到好分数，有的高中生甚至要通宵熬夜写作业。下面这篇文章，真实记录了我家美国高中生在熬夜写作业之后的困惑。孩子的疑惑是：为了上好大学，熬夜写作业，大伤身体，这样做，值得吗？

这样做，值吗？

作者：盖涵琪（Jessica Gai）/ 翻译：陈晚

已经是深夜了。电脑键盘上的打字声，有节奏地敲击着静谧的夜晚。当我几乎睁不开眼睛的时候，孤独的台灯用刺眼的灯光让我保持着清醒。为了完成欧洲史的短文，即使是在电脑屏幕上写很少很短的一句话，我都要近乎绝望地详细翻看着我的笔记，并疯狂地寻找着可以用在我文章中的任何字句。

难熬的几星期以后，我在那个无眠之夜写的文章被老师评了分。一个通红的 A 字，印在了我的作业上。意外的惊喜，是的，我很惊喜，因为这是一个来之不易的小胜利。无眠之夜过后，随之而来的那些慢腾腾的上学日，让我忽然明白了一个道理：哪怕是得 B 甚至是 C，那一夜，我都应该好好睡个觉。因为我妈妈经常说，健康是最重要的。

随着功课难度的加深，我要熬夜写作业的这种事情越来越多了，而我并不是唯一应付学校压力的学生。时间紧，功课多，或者二者兼而有之，美国高中生为了保持好成绩，都面临着越来越大的压力和焦虑。在理想情况下，美国高中生应该能够集中精力并游刃有余地应付作业。可惜，这种理想状态却很难达到。通往名校之路的激烈竞争，加之学校最近推行的前所未有的以"共同核心"为目标的高教学标准，已经造成了一个令人吃惊的局面：很多高中生为了未来付出了太多的健康代价。

问题是：这样做，值吗？

英文原文：

Is it worth it?

The hour is late. The sound of clacking of fingernails on the keyboard has become a steady rhythm against the overwhelmingly silent atmosphere. The lone desk lamp is rudely bright in a vain attempt to keep me awake as my eyes begin to involuntarily close. A tragically small amount of type appear on my screen as I desperately rummage through my notes, frantically searching for something, anything, to be included in my European History paper.

A few weeks and a few more tough situations later, I get my paper back, stamped with a bright red "A". A pleasant surprise, yes, but it is hardly a victory. That sleepless night and the exceptionally slow school day following it convinced me that I would have rather taken a B or even a C in exchange for sleep that night. My mom always says, health is the first priority for everyone.

I have found myself in this situation in an increasing number of times as I advance educational levels, and I am undoubtedly not the only one experiencing school-related troubles. Whether by time complications or increased workloads, or even a combination of both, the average high schooler is undoubtedly bound to be subject to increasing levels of stress and anxiety in order to keep up with school and maintain grades. In an ideal world, they would be able to handle it smoothly and stay completely focused, but the ideal is often far from attained. Factor in the increasing competition in order to get into a good college, as well as the recent push for unprecedented higher educational standards marketed as "Common Core," and it becomes startling clear that the health of many high schoolers are taking massive tolls.

The question is: Is it worth it?

50. 管窥美国大学生的学习与生活

咱家终于出了个美国大学生。大宝去上大学了，全家人欢欣鼓舞。日子过得实在太快，仿佛是一眨眼的工夫，小娃娃就变成了大学生。我送给她的两句话：提高警惕，安全第一（Be alert. Be safe），毕竟女孩子安全是咱当妈最揪心的事了。孩子爹送给大宝的礼物是一张交学费的大支票，送给大宝的两句话：好好学习，力争优秀（Study Hard，Be the top）。假如这孩子能把我们两口子的指示都贯彻执行，估计她这几年的大学生活就不会太差了。大宝没去哈佛大学，也没去野鸡大学，她去了她喜欢去的学校。

大学报到那天我的几点感慨：

第一，美国父母和中国父母一样舐犊情深。我看到一位美国爸爸，在拥挤的校园里，左手拉个箱子，右手拉个箱子，而他的"小祖宗"却不知所踪。

第二，美国学生也有因为贫穷而弃学的孩子。大宝的一个加州室友，因为离异的父亲不给交学费，而她自己又贷款失败，只好辍学了。据说她爸爸把自己的积蓄都交给"二奶"了，万恶的"二奶"呀，在美国也坑人不浅。

第三，美国大学的宿舍太小了!!! 我用几个惊叹号表示一下我的吃惊。四个女生的睡房，小得简直和监狱小号儿一样。看了之后，我们既心疼，又欣慰。我们不是总想让孩子吃苦嘛，衣食住行中的住，就比家里苦多了。孩子们哪，你们可得坚持住。

下面再说说孩子上大学以后，让我最不放心的事情。在中国人的印象中，美国是个开放社会，在美国大学里，男女学生的性关系很随便，未婚先孕，司空见惯。说实话，关于这个问题，我也很担忧。自从我家大宝上了大学之后，对此我总算有了切身体会。简单来说，美国大学生的男女关系虽然很自由，但他们在自由中又相对稳定。比如我家大宝有一位关系亲密的男同学，他们俩基本是一一对应的关系，彼此也能真诚相处。

咱家女娃上大学以后，我这个当妈的又多了一个特殊的任务。每天我要和她在电子邮件里嘘寒问暖，除此之外，根据她的需要和家里的库存情况，我还必须时刻准备着给她发零花钱。昨天上午我正在家里悠闲自得的时候，大宝的电话突然来了："妈，周末我要理个发，你能给我25块钱吗？"哇，理个发就25美元，这太贵了吧？经仔细打听，我才知道，大宝和女同学要去的理发店，兼具美容性质，所以理发费偏贵些。女孩都爱美，我也是从那个年龄段过来的，理解万岁吧，得，这25美元，我批了。闺女，你等着，美金马上就进账。网络就是好，网上转账，只在弹指一挥间。

处理完这件小事后，我刚想挂断电话，大宝急忙叫停。妈，这个周末 ANDY 要来看我，你能再给我点儿零花钱吗？什么，ANDY 要去看你呀？两星期前，你们不是刚见过面嘛，怎么又要搞约会了？这几百里地的，他怎么去呀？他出城去会你，他爸妈知道吗？他到了你那里，住哪儿啊？大宝的请求，像一颗小子弹击中了我的好奇细胞，而我的疑问却像个"机关枪"，噼里啪啦地射向了她可怜的小耳朵。

大宝向我要钱，毕竟是有求于我。这孩子从小就知道，求人时，态度一定要好。为了达到目的，她只好耐心地对付我这只恼人的"机关枪"。妈，ANDY 要坐飞机来这儿，他爸妈当然知道他要来看我呀。他的飞机票，就是他爸妈给买的。噢，只要 ANDY 爸妈知道这事，咱心里就踏实许多，毕竟这孩子不是擅自离家出走的。听到这，我心里虽然放松了许多，但我的脑瓜却在翻腾不休。

ANDY 的爸妈，怎么会这么开明呢。试想一下，假如以后我儿子上大学时要去会女同学，我会答应吗？我们会给他买机票吗？估计够呛。无论是在中国还是在美国，大学生要以学为主吧，一个美国男大学生，在上课期间外出会女同学，这美国爸妈不仅不劝阻，还以实际行动支持他的这种行为，这美国父母也太开明了，不，简直是纵容了。按理说，ANDY 的爸妈都是知书达礼的美国人，人家爸爸是医生，妈妈是老师，这样的家庭，家教应该是很严的。他们如此开明，是反衬出我的保守呢，还是中美家长在对待孩子交友的问题上，态度根本就很不同呢？

　　更让我尖叫的事情还在后面。当我寻问 ANDY 的住处时，大宝大大方方地告诉我说，ANDY 就住在她们的女生宿舍里，反正她们宿舍有一张空床，不管是谁的客人来，不管男女，都让他或她在那张空床上翻来覆去。我的妈呀，难怪美国的爸爸妈妈们这么开明，敢情说，美国的风俗文化就是这样的吧。大宝学校附近的旅馆住宿费并不贵，大宝请 ANDY 下榻旅馆也算合情合理。但我转念又一想，大家挤在一个宿舍里，他们肯定会很收敛，情感上"走火"的可能性估计为零。好，那就让他们挤来挤去吧。

　　在我的尖叫还未消停时，大宝又给我来了一段美国好声音。妈，这个周末，我们宿舍阿丽的男朋友也来，她的男朋友也住在我们宿舍里。放心吧，我们会平安相处的。我的娘呀，这些美国孩子们太让我长见识了。

　　要是在中国，这种男女搭配的合伙情况属于非法群居吧。我出国那年，就听说过美国大学生经常混居。虽然江湖一直这么传说着，但我却一直表示怀疑。男女混居，这怎么可能呢？这么多年过去了，我终于找到第一手材料了，我的孩子终于给我答疑了。我家大宝上大学第一次回家就滴滴答答和我说个没完，其中一件新鲜事儿，让我的耳朵捕捉到了。据大宝说，学校现在允许男女混住。妈呀，大学宿舍，就一间房，男孩住上铺，女孩睡下铺。这，我实在接受不了啊。夏天，那么热，那么薄，换衣服多不方便。

男女搭配，谁说不累？如此说来，美国女孩毕业后也能唱"睡在我上铺的兄弟"了？这些美国大学生，比当年的我们要开放多了。要是我们当年也这样，不是处分就是退学呀，还能这样沾沾自喜？男女大学生混居，这是中美差异，还是时代差异呢？现在的中国大学生们也会这样吗？

51. 无法想象，美国老师失误得离谱

三个月前，我的一个学生在一篇讨论美国教育的文章中指出，美国公立学校的老师，有时候不太负责。主要是因为他们要教的学生太多，有时候难免会出错。我没在美国中学读过书，对我学生的这段话，并没有切身的体会。上周三，机会来了，我终于借机完全弄懂了这位美国高中生上交给我的这篇作文。

上周三，是我们学区所有孩子和家长们的大日子。我们早就接到通知，就在这一天，学校将把本学年的第一个学生成绩报告单发给家长。对我家的两个孩子，我平时跟踪得比较紧，他们能得什么成绩我心中基本有数。正是由于这个原因，我并没有登录注册学校提供的网上记分册。我主要掌握大局，不会天天到网上查看孩子们的成绩。

上周三下午，孩子们终于放学回家了。为了表示对孩子们的关心，我当然要看看成绩单。出乎意料的是，小宝一进家门就哭了。他哭得伤心委屈，也带着一丝不满和愤

怒。怎么回事儿？小宝是我家的小君子，平时稳稳当当的，斯文有加，他长这么大，我从来没看到他会哭得这么伤心。只要看到孩子流泪，我就心疼得要死。看到小宝在流泪，我急得都要眼泪汪汪了。到底是什么事情会让他这么伤心呢？

我快速一想，肯定是小宝的成绩出问题了。小宝刚上初中，虽说他修的是尖子班，但他的成绩也不应该太离谱。看小宝哭得伤心，我赶紧询问到底发生了什么。经我这么一问，小宝更加委屈了，他伤心地告诉我，明明数学课他做得都挺好的，老师为什么给他个 C？

一听到 C，我仿佛感受到了晴天霹雳。最近我一直在为美国高中的数学而感慨，美国高中越来越难的数学，我早就不能应付了。没想到，小宝刚上初中，就被数学难住了。唉，我心里好难受。真后悔当年自己怎么没好好学学数学。因为现在即使我想帮帮孩子，也是无能为力了。

我一边责怪自己，一边心疼孩子。小宝数学成绩出现意外，他自己已经知道难受了，我就不能再责怪他了。在晴天霹雳的两分钟之后，我内心很快安静下来，并开始安慰小宝，希望他下次考好。没想到，我越安慰小宝，他越伤心。因为他坚信自己的考试成绩和作业都不错，他绝不该得 C。

怎么办呢？看到小宝这么难过，我马上拨通了数学老师的电话。电话中的数学老师非常耐心，她向我解释道，这所学校的初一，一共有五个数学尖子班，班上的每个孩子都特别优秀和聪明，她很喜欢这些学生。遗憾的是，每天她要应付 130 个学生的作业和考试等，开学一个月，她刚刚把所有的学生弄明白。一听到这些，我忽然想起了我学生写过的作文。我不禁感叹着，美国公立学校的老师工作量确实够大。

经这位数学老师的建议和提醒，我紧急注册了这所学校的网上记分册，并和小宝一起，把他开学至今的所有作业和成绩都一一过目。看着，看着，我们发现了大问题。小宝的一次课堂作业，本来是 20 分满分，数学老师只给了他 2 分。天啊，不用说，肯定是数学老师在输入成绩时少输入了 0，20 变成了 2，这才是小宝得 C 的主要原因。

找到原因后，小宝安静下来，赶紧给老师写信，并附上了错误成绩的电脑截屏。数学老师还算不错，收到小宝的信后，她马上答应晚上会看看。小宝得到老师的回信后，开始密切关注自己的网上成绩单。第二天，老师说改过来了，但小宝一看，成绩还是老样子。于是，他只好再提醒老师，继续耐心地等着老师给他的成绩"平反"。经过 48 小时的等待，周末的小宝，心里终于踏实了。小宝修改后的数学成绩不仅不再是 C，而且还是 95 分的好成绩。

通过这件事，我真的长了大见识。尽管美国老师错得离谱，我并不认为美国老师是故意刁难学生或者对学生不负责。当然我也知道，老师记分错误，真的会对孩子造成很大的伤害。这种意外，到底怪谁呢？老师太忙，学生太多，难免忙中有错？我觉得这些都不应该是理由。要怪，那就怪电脑吧。用电脑输入成绩，确实会出错。上次我的儿童文学考试得了 100 分，但我在网上看到的成绩却是 80 分。我想了半天，也不知道自己错在哪里。等我拿到考试卷后，我才知道原来是老师输入成绩时弄错了。唉，随着电脑记分的普及，希望众多的美国网络登分平台别再和学生们的成绩过不去了。

还有一件美国老师不太靠谱的事。小宝有次参加的数学尖子班考试，把孩子折腾得够呛。考试前，数学老师就明确告诉学生："这个考试很难很难的，但只要你答对了一半儿，你就能上尖子班啦。"毫无疑问，考试卷里的很多考题，是学校根本就没教过的。

美国学校怪就怪在这里。拿一半儿根本就没教过的难题，混在普通考题里威胁这些小孩子，多不人道，这些小学生们不知道迂回战术，头一次看到这种难度不一的考题，被那些不知所云的硬骨头题，吓得他们目瞪口呆。

据小宝坦言，他不停地绞尽脑汁，特想解出那些难题。可惜呀，那些难题之后的普通题，他根本就没时间答。你瞧，挺机灵的一个孩子，进了考场之后好像变成了傻瓜。这挫折感，真是太巨大了。这就好比刚刚学会骑自行车的小孩子，你非要送个汽车给他，让他试试方向盘，看看他会不会开车一样。美国学校真的太会搞怪了。我很有看法。

52. 美国公立学校的潜在危机

历经多年的观望与探寻，中国孩子到美国留学的趋势，至今依然是有增无减。中国家长把孩子送出国门的重要理由大概有二：（1）和中国相比，学生在美国学校的升学压力小；（2）美国老师的教学质量高。是啊，如果不是因为这两个原因，谁愿意花大把的银子把孩子送到美国呢。

我本人和其他美国学者与家长已经写过很多博文，反复强调了美国学校尤其是美国高中的功课并不轻松。至于美国中学老师的教学质量问题，似乎很少有人提及。报喜不报忧，这是人之常情。况且对局外人来说，很多美国学校的教育内幕，如果不是亲身经历，无异于雾里看花水中望月，旁观者根本就无法体会其中的具体景象。

最近我儿子所在的学校，就发生了一件令人不太开心的事儿。这所学校初一数学尖子班的美国老师，不仅教学方法和质量有问题，她出的考试题也让学生们叫苦连天。比如在一次数学大考中，以数学优秀著称的中国孩子们几乎全部败北。考试只得 30 分、40 分和 60 分的中国孩子比比皆是。小宝班上有一位可爱的中国女孩儿，当她看到自己的40分以后几乎被吓哭了："我妈妈回家要剥我的皮啊。"

孩子紧张，家长也不轻松。看到自己孩子的数学成绩之后，一大帮百思不得其解的家长不约而同地给校长写信，要求校长调查此事。家长们一致认为，大部分学生考试不及格，这说明老师教学有问题。尤其是这位数学老师，居然给学生提供错误的标准答案，而且还让学生们把他们做错的考试题改成老师提供的错误答案。当看到我家小宝苦思冥想地努力和老师提供的错误答案接轨时，我惊诧得简直是无语问苍天了。

在家长的集体呼吁下，校长终于给大家出示了一个让人哭笑不得的答复：鉴于考试成绩集体失常，学校决定取消这次考试成绩。坦率地说，虽然这样的决定可以缓解学生的分数压力，但问题的实质部分仍然没有解决。数学老师继续留任，学生继续不安，家长继续抱怨。经过近四个月的教学，这位数学老师依然我行我素，全然不顾家长和学生的不满。

如果孩子在美国中学遇到教学实在太差的老师，家长能做什么？学生又能做什么？悲观地说，不管我们如何呐喊，结果依旧，我们很难把这种老师怎么样。更加悲观的事情远不止这些。因为不仅我们这所学校如此，在美国的其他中学也是如此。这种让家长们无可奈何的教学现状，只因为一个重要的事实：美国中学老师也有终身制（tenure）。也就是说，一旦获得终身教职，这些美国老师无异于端上了铁饭碗。即使他们的教学不怎么样，学校对这种老师也是睁一眼闭一眼。师资水平参差不齐，终身教职的老师可以混饭吃，这就是美国学校潜在的最大危机。

简而言之，由于美国学校的教师终身制，美国学校很难开除一个不怎么样的老师。如果你的孩子遇到了这样的老师，说句难听的话吧，学生和家长只能是自认倒霉。鉴于美国学校对终身教职老师的过度保护，今年六月份，美国硅谷地区的一位商人向这种不合理的教育制度，发出了最严厉的挑战。他在一份 4000 字的起诉书中指出，不开除那些坏老师，而让坏老师们留任继续坑害学生，等同于侵犯了学生的合法权利。这种把教学质量和法律程序联系在一起的行为，在美国加州甚至是全美国堪属首例。正是由于这个原因，美国《时代》杂志对这个教育事件做了大幅版面的专题报道并附上了编者按。

美国学校的潜在危机，可以从一些具体的数字上体现出来。正如《时代》杂志编辑 Nancy Gibbs 所言，权威调查结果发现，在世界上中小学教育最好的国家（芬兰，新加坡，韩国），100% 的老师来自师范顶尖毕业生当中的三分之一。而在美国学校，大约一半的老师来自师范毕业生当中最底部的三分之一。换言之，一半的美国老师都是师范毕业生当中的差等生。看到这个数字，我本人忽然豁然开朗了。难怪我们这里很多孩子都在抱怨数学老师真的不好，原来美国学校里的老师并非个个都是教学精英。

在中国小留学生聚集的加州，中学教育又是如何呢？另据《时代》杂志报道，大约 1%—3% 的加州公立学校的老师很差。具体来说，在 100 个老师当中，他们属于最差的 5%。换成具体的数字，美国加州现在有 2750 名到 8250 名老师属于教学水平很差的老师。

教学质量差的老师对孩子的影响不仅仅是分数问题，而是会留下更深远的后遗症。哈佛大学长达三年的研究表明，如果以学生的考试分数作为评估老师的教学标准，教学质量差的老师，能让学生的受教育水平后退 9.54 个月。哈佛大学的另外一个研究更是直截了当：如果用优秀的老师替下那些坏老师，每个教室里的所有学生在将来能多挣 25 万。从美国加州到美国东部，无法解雇不称职的中学老师，似乎成了美国学生和家长的最大梦魇。幸运的是，包括比尔·盖茨在内的很多美国著名企业家一直在关注着美国公立学校的教育。希望在他们的直接干预下，美国教育中的潜在危机可以得到有效的缓解。

另外，有些美国公立高中内外有别。我曾看到一则消息说，洛杉矶将大批招收自费中国高中生。估计这则消息会给望子成龙的中国家长们来针兴奋剂。美国公立高中是免费的。如果接纳中国高中生的学校属于美国公立高中，学区内的美国学生上学是免费的。中国孩子上美国公立高中还要花很多钱，比较亏。准确地说，是很亏！我们这里的高中也有为外国学生设立的英文课（ESL），这种课也是免费的。美国公立高中一忽悠，中国家长就响应，他们的钱挣得可真容易啊。

此文的主要目的，除了以实例和数据展示美国教育中的一些弊端，也想提醒来美国留学的小留学生及家长们，美国学校不是理想国，除了应对文化危机，小留学生们对美国学校的教育危机也应该有所认识。在加州，在中国小留学生聚集的地方，有几千名不称职的老师在继续执教中。谁能保证小留学生们一定不会遇上这样的老师呢？

第七章

备受关注的出国留学热点

53. 考美国研究生比考中国研究生要简单

据报道，在 2012 年，有大约近 20 万的中国学生来美国留学。留美的费用，四年下来大多在 150 万至 160 万元人民币左右。如此高昂的学费，回报又如何呢？不久前《华尔街日报》的一篇文章披露了耐人寻味的数据：大约 72% 的中国留学生从国外大学毕业后，马上回国或短期工作后回国，因为他们在美国基本站不住脚。这组数据不知可否提醒大家：既然来美国读大学的回报并不是最佳，国内的学生为何不在国内大学毕业后再来美国读研究生呢？国内考研刚刚结束，考试不理想的小伙伴们，何不考虑一下出国留学读美国研究生呢？

美国考研和中国考研有很大的不同，主要表现在这两个方面：一，美国不考政治和专业课；二，改专业比较容易。申请美国研究生主要准备两大类成绩：一是英文成绩 TOFEL 和 GRE；二是大学成绩单。此外，再有几封教授推荐信就可以了。我虽然不在国内，但我也知道国内现在是"拼爹"的年代。爸爸不是"李刚"的草根子弟们，你要想绕过层层叠叠的关系网，何不发奋努力，来美国留学呢。我本人就是草根子弟，我出国基本就是靠自己努力，靠自己折腾。很多在美国的中国女人都是先探亲后读书的，而我却是自己考出来的，我让老公探我的亲。我说这些，并不是炫耀自己，而是想鼓励一下草根女孩们：我能做到的，你也能做到。

现在很多孩子是独生子女，父母疼爱有加，爷爷奶奶更是爱不释手。其实若是出国读硕士，两年就能结束。两年，那还不是一眨眼的工夫。毕业后，如果你不愿留在美国，那就回国找工作呗。如果喜欢美国，那就在美国找工作办绿卡，和我做邻居呗。孩子们，拼不了爹，那咱就拼自己吧，别去难为你爹了。

54. 美国大学助学金和奖学金知多少？

来美国读研究生，不需要像读本科那样花很多学费。读硕士仅需两年，读本科却要四年，所以读硕士比读本科至少要便宜一半。更加振奋人心的是，美国很多研究生院，可以为学生提供各种各样的奖学金。尤其是攻读博士学位者，更容易得到经济资助。

我来简单归纳一下美国研究生经济资助的职务及额度，到底哪种资助适合你，需要你和美国大学研究生院直接联系，想出国，你得自己多花些功夫呀。

（1）助研（Research Assistant）：到美国教授的实验室做实验，以搞科研为主。读博士者容易获得此项经济资助。

（2）助教（Teaching Assistant）：给美国教授当助理，

批改作业，带实验课等，以教学为主。我当年做的就是助教。读博士者容易获得此项经济资助。

（3）免学费（Tuition Waiver）：顾名思义，就是所有研究生课都不用交学费，它和本科生的学费是一致的。硕士生要极力争取，能争取免学费，来美读书就会相对轻松些。

（4）奖学金（Scholarship）：成绩特别优秀者可以争取。

在上述资助中，读博士者，如果英文成绩和国内成绩都很好，均比较容易得到；硕士生应尽力争取，即使能争取个免学费，也就很不错了。关于经济资助，美国大学有个潜规则。容易拿到经济资助的专业，可能就业前景不太好，比如，我们的生物专业，而拿不到经济资助的专业，很可能是热门专业，比如电脑和电子工程等专业。

下面具体解释一下美国奖学金的性质和申请美国奖学金的一般规律，以及奖学金与就业前景的关系：

美国的全奖分为：研究助理（RA：Research Assistantship）、助教（TA：Teaching Assistantship）和学院助学金（Fellowship）。绝大部分中国留学生拿到的是研究助理（RA）和助教（TA）奖学金。还有很少一部分人拿到学院助学金（Fellowship）。研究助理、助教和学院助学金都能够满足学生在学校一年所需的各种费用，包括学费（tuition）和生活费（living expenses）。

（1）全额奖学金与奖学金（Scholarship）的区别

Scholarship 的数量和金额相对很少，并因学校而异。单独的奖学金（Scholarship）一般都无法达到学生在学校一年所需的各种费用，包括学费(tuition）和生活费(living expenses），所以，如果只拿到有限金额的奖学金(Scholarship）是不能叫做全额奖的，奖学金（Scholarship）通常只有几千块钱，连交学费都不够。当然，也有个别资助，虽然叫奖学金（Scholarship），但和学院助学金（Fellowship）的性质是一样的。

（2）申请全额奖学金的基础

要知道低分是否能拿到研究助理（RA）和助教（TA）全奖，首先要搞清楚教授或者系里找助研和助教的目的是什么，他是要你帮他做研究，批作业，查资料，是让你给他干活，所以他最看重的是你的工作能力。如果你有相关的工作经验，即使外语成绩低一点，教授不会太在乎，因为他们知道，他给你钱是要让你干活出成果。我们见过很多 TOEFL 低于 600 分，平均成绩分数（GPA：Grade Point Average）为 3.0 以下的有工作经验的在职人员拿到全奖，并且有很多是名校的全奖。

在申请研究助理（RA）全奖时，申请人的竞争力很大程度上取决于工作和研究经验。你的工作和研究经验越丰富，你的竞争力就越强。全奖申请的竞争形势就像人才市场的竞争。面对刚毕业的大学生和有多年工作经验的在职人员，老板当然会选有经验的老手了。不可否认，外语成绩也有一定作用。如果 TOEFL 低于 550 分，书面表达能力的测试（TWE：Test of Written English）低于 4.0 分（满分 6.0 分），即使你有工作经验，拿全奖也基本没有希望。因为教授在和你进行谈话时，至少要听得懂你在说什么，而且希望你能发表文章，说和写的能力是教授非常看重的素质。

（3）申请读硕士便于美国就业

假设你留学美国的目的，只是毕业后能在某个公司找一份工作，这样的话，如果能读硕士，当然毫无疑问要读硕士，而不是读博士。因为在美国，博士毕业不好找工作，对于很多公司来说，博士是资历过高的（overqualified）的人，需求量很小。就连不少美国人博士毕业后，都因为找不到工作，也只能做博士后，而博士后在美国是一种收入与普通实验员差不多的临时性、过渡性的研究职位。当然，如果你将来想在学院里当教师（faculty），博士是必须要读的，没有博士学位，根本就没有可能当教授。

总而言之，无论拿哪种资助，来美国读研究生比来美国读大学要经济实惠得多，尤其是草根阶层的孩子们，来美国读研究生，是一个不用拼爹而只需自己好好奋斗的不错选择。

55. 留学生在美国只会考试远远不够

有一个美籍华人男孩，从小在美国长大，在美国华人界，这孩子算是出类拔萃的高才生。大学毕业后，他顺利考到美国西部的一所名校读博士生，这孩子志向远大，准备在毕业后去美国大学当教授。

谁能料到，他刚上半年学，就坚决要退学。他的爹娘好说歹说，中英文上海话一起上，力劝他要慎重考虑，可他就是认准了一条道，退学！

这孩了的爹娘一听，急了，赶紧从美国东部飞到西部去摸清孩子"反骨"的原因。聊了一阵子，孩子家长终于明白了。他家的孩子要退学，主要是大陆留学生把他儿子吓着了："妈咪呀，大陆来的学生太会考，太能考了呀。你看那统计学，我日夜琢磨都考不好，可大陆学生根本就不用学，他们就能得全 A。我不及格，他们得全 A，我可咋混呢！"

不管父母如何开导，不管导师如何挽留，这孩子最后还是退学了。退学之后，他换了学校，改了专业，最后学了农业工程。在新学校上课的第一天，一走进教室，他的心又开始发毛了。全班六个学生，清一色的中国人，除了他以外，都是大陆来的研究生。在随后的考试中，大陆留学生的考试功夫，又把这孩子给镇住了。除此之外，这个在美国长大的孩子，还意外见识了山东人的厉害："妈咪呀，山东人除了能吃馒头，他们还能吃苦啊。山东人爱学农业，我干嘛和他们做同窗呢，我真干不过他们哪。反正不管我走到哪儿，美国学校到处都是大陆来的留学生，我也不能再退学了呀。"

　　总有人责怪国内的应试教育，殊不知，中国的应试教育培养出来的大学生，能吓跑美籍华人学生呢。这说明，大陆的应试教育很成功嘛。仔细想想，事实果真如此吗？

　　这位美籍华人男孩的经历，从侧面反映了中国大陆教育的利与弊。会考试，能拿高分，这本身并不是缺点。但仅能拿高分，是远远不够的。以我二十年前的留学经历来说明这个问题，至今依然令人深思。当年在我们的生化班上，大陆学生占了一大半。刚到美国，我们英文不好，生化词汇也听不懂。为了应付考试，每次上课前，很多中国学生都把一个小录音机放到老师的讲桌上，录下老师当天的全部讲课内容，回家再一遍遍地听。就是靠着这种啃硬骨头的精神，中国学生在考试时把美国学生远远地抛在了后面。应该承认，我们中国学生能克服困难，勇夺高分，这是非常值得赞赏的。

　　随后呢？在笔头考试以后，我们每个学生要在生化课上参加一个口头表达的课堂学术汇报（presentation）。每当博士生有类似的课堂活动时，我们博士班上的中国学生集体泄气。即使笔头考试拿了 A，也不能保证口头考试也能拿 A。而那些笔头考试不好的美国学生，终于有了反扑的机会。哪怕是得 C 的美国学生，他们一旦站在讲台前，也能滔滔不绝地长篇大论，活像一个小教授似的。

　　我们应该承认，除非特别出色的人才，大部分的中国学生嘴皮子说不过美国学生。除了语言障碍，我们从小缺乏这种口头表达能力的训练，也是一个根本的原因。中国孩子天天啃书本，哪有机会去练嘴皮子呢？悲观地说，口头表达能力不出色的人，即使拿了美国学位，找到了工作，若在美国生存，后劲儿肯定有限。能够准确而自信地表达自己，在美国求学和生存至关重要。

有一次，我遇到一位从国内来美国游学的暑期生。这个学生在国内是班里的尖子，成绩名列前茅。可他站在我面前时，居然低着头，都不敢抬头看我一眼，说话也是静悄悄的。当时我心里这个急呀，我又不是老虎，你怕我啥呀。如果是站在美国面试官面前，你若也是这样，你肯定没戏。

家长们总爱用"害羞"为自己的孩子开脱。害羞，是人类的一种宝贵情感，尤其是在男女情感中，害羞，会有意想不到的朦胧效果。可惜，美国老板不是和你谈情说爱的，你对他羞答答的，他不仅不领情，相反他还会把你一下子清除出场。对中国孩子，我有一个小小的建议。即使是站在从未谋过面的陌生人面前，自信、微笑、落落大方、不卑不亢、说话得体，这些最好能成为中国孩子应该修练的基本课程。我家大宝有很多美国同学，他们即使是第一次见到我时，呈现出来的基本就是这种能让人愉悦的样子。对此，我们不妨说个小口号：美国孩子能做到的，我们中国孩子也能做到！

56. 高三的学生，你为什么非要急着来美国读大学？

下面是我收到的一封读者来信：

陈晚阿姨，多月来一直关注你的博客，美国生活的点点滴滴真的很令我向往。作为一名高三学生的我，叛逆已然涌现——不喜欢父母的唠叨、讨厌中国的教育制度，我也想留学，可是目前困顿的是，我不了解美国大学和各方面需要准备的材料以及心理上的准备比较不足。

我本打算先上一个高职（其中有创业学院，我想先创业，不在国内上本科，以后出国留学念本科）。可是留学机构的老师劝我还是高中毕业之后再出国，另外美国高校截止报名就只有一个多月了。现在我有些矛盾，不知是立刻去留学机构参加培训，准备明年留学呢还是坚持先创业再留学，那位老师说如果高中毕业还要在国内待两三年的话会很难出国了。不知您是否能给我些意见？

——一个和您家三宝差不多大的中国孩子

我的回复：

小沫你好。我已经很久不回答网友提问了。是你最后的签名——"一个和您家三宝差不多大的中国孩子"，让我心动之后手也动了。我想问问你，你想过没有：你为什么非要急着来美国读大学？

如今国人最常见的留学动机是，中国教育体制不好，美国教育体制好，所以要把孩子送到美国。体制是个很玄的概念。你既没上过中国的大学，也没上过美国的大学，关于中美教育体制，你应该是道听途说的，并没有真切的体验。

中国的教育体制再不好，也能培养出在美国各行各业杰出的华人。美国的教育体制再好，也有很多不能毕业甚至是辍学的大学生。在中国考不上北大的学生，在美国也很难考进哈佛。千万别把那些小概率的，所谓的成功进入美国大学事件，当作兴奋剂给自己打气鼓劲。

优秀的孩子，在中国也会优秀；素质一般的孩子，即使到了美国，山鸡也很难变成凤凰。不是我给你们泼冷水，在美国，我看到太多的中国孩子，他们把父母的钞票当卫生纸用，留学多年也不能毕业。当然，并不是所有的小留学生都是如此不堪，但这种事件，并不罕见。

六年前，我就建议中国草根家庭的孩子，在国内读完大学以后，再出来读个研究生就可以了。至今我依然持有这样的观点。我对你的家庭不了解，如果你得靠父母辛辛苦苦挣的血汗钱出国留学，你一定要慎重。上述观点，当然不适用于富二代的孩子们。草根家庭的孩子，和他们确实不能等量齐观。做中国家长真挺累的，家长们不仅为孩子操心，而且还真要抄家底，中国家长真舍得把成捆成捆的人民币砸向美国。这样的投资，真的值得吗？

不是我站着说话不腰疼，中国家长特爱攀比，爱盲从，自己都不懂的事儿，却非要指导孩子的人生。常听国内家长说，趁着孩子小，把孩子送出去，好好学学英语。事实呢？中国孩子在美国天天在一起扎堆，说中文，看中文电视剧，英语水平怎么提高呢？千万别怪孩子扎堆，他们那么小，那么孤单，在美国不扎堆，他们又能怎么样呢？

一位在美国留学六年的中国小留学生，曾经和我家大宝有过一次对话。两人比比画画半天，大宝事后悄悄告诉我，这位中国小留学生的英语，她根本就听不懂！六年的留学，英语如此水平，我都替这孩子的爸妈心疼钞票。当全民对出国留学亢奋时，我的话，肯定特别刺耳。好在我不是留学中介，用不着拉生意。如果你觉得有道理呢，就琢磨琢磨。如果没道理呢，反正我也是分文不取的。小沫同学，你最后好好看看中介老师是如何忽悠你的："那位老师说如果高中毕业还要在国内待两三年的话会很难出国了。"——这话纯粹是不负责任的扯淡。某些留学中介，也请不要不懂装懂啦，别再忽悠那些从来没出过国的孩子们了。

57. 我为在学业中挣扎的小留学生出几个主意

昨天读了一篇新闻，得知一位在美国名校就读的中国小留学生因学业不佳被劝退。这篇文章我反复读了几遍，我认为这篇文章所传达的基本信息就是中美教育的主要差异。简而言之，小留学生在美国学业不适，甚至被劝退，其实这并不是孩子的错，而是中美完全不同的教育体系所致。

因为个人兴趣所致，我本人最近刚好在美国的社区大学修大学文学课。我发现小留学生提及的美国名校教学方式，和我们这里的社区大学基本一致。这间接说明，无论在美国的哪所大学，不管是名校还是普通学校，无论是四年大学还是社区大学，美国大学的教学方式大有共性。

根据我个人的观察和亲身经历，我认为中美大学的教育差异可以这样打个比方：在中国，是老师喂学生吃饭；在美国，是老师教学生自己做饭吃。中美截然不同的教学方式，肯定会让小留学生倍感不适。习惯中国老师喂养的学生，自己如果没有会做饭的本事，到了美国肯定会有挫败感：肚子很饿，却没人管你。

根据这篇文章提及的几个问题，我愿为因学业挣扎的小留学生出几个主意，仅供那些漂洋过海远离父母来美国留学的孩子们参考。

（1）如何加入学习小组？

为了培养学生之间的合作精神，美国老师经常会在课堂上随时随地地成立学习小组（group）。小组内的几个成员或者在一起共同完成一个课题，或者一起准备一个演讲。比如我们班就有六个小组，每个小组分别负责讲解美国文学中的一个流派。

刚来的小留学生，可能对加入某个学习小组有畏难的情绪。根据我的经验，在课堂上找同伴其实非常简单。只要记着咱们中国的俗语"远亲不如近邻"，你基本就可以搞定学习小组了。在课堂上，你左望望，右望望，找你身边的同学成立学习小组，这应该是最简单的事情了，因为我就是这样找到我的小组成员的。

（2）和教授的关系

美国教授非常讲究原则，任何走后门的意念，比如加分，乞求高抬贵手等事情，你想都不要想。美国老师虽然很讲究原则，但他们对学生大多非常友善。为啥？除了美国教授的个人修养和性格因素，学生们在期末是要给教授写评语的。如果教授非常恶毒，学生们也不会对教授高抬贵手的。师生之间的这种微妙关系，就是在这样心照不宣的默契中维持着彼此间的平衡。

如果小留学生在学业中遇到了困难，你一定要尽早和教授有所交流。我的一位老师在第一节课就明确表示，她不会让学生不及格，但学生必须按时上课。这是这位教授的底线。有一次，我们要先看美国球赛，然后写作文。不巧在比赛期间我们班有的同学要打工，他们根本就看不了这场球赛。即使是这种情况，也不是世界的尽头。美国教授充分理解学生的难处，也很通融。在老师的指导下，那些不能看球赛的同学通过阅读赛后的网络新闻，也可以交上作业。

最差的情况是，如果你的成绩实在很差，根本就没有补救的可能了，那还有最后一招。你要尽量在退课的截止日期之前，从这门课中退出来。这样你的成绩单上是 W，而不是 F。

（3）若英文不好，就用微笑代替语言

微笑是世界通用的语言。如果你的口语词不达意，别急，慢慢说。实在不行，就用微笑代替语言，请对方慢慢重复多说几遍。SAT 考满分和流利地用口语交流是两码事。既然到了美国，就要把以前的 SAT 成绩归零，面对现实，好好操练口语交流能力。

（4）没有演讲经历，就从现在练起来

无论是读大学还是读研究生，演讲（Presentation）是美国大学最常见的学术交流方式。咱们在中国都没有过这方面的训练，到了美国后要应付演讲，肯定会不适应。在这种时候，抱怨中国教育已经没任何益处。你能做的，就是把每一次演讲都当作是一场实战训练。多讲几次，以后肯定会越来越得心应手。我们班上的美国孩子们，在高中时都受过演讲训练，他们站在讲台前，那派头和自信，和美国教授几乎一模一样，厉害吧。

（5）在中国没见过什么人，现在就把视野打开

小留学生在中国时，因为父母的管教，为了得高分不

耽误时间，没旅游过，也没见过几个人，所以和美国人打交道时，缺乏社交能力。唉，可怜的娃儿呀，现在就别怪你的爸妈了。现在没人管你了，你就尽量把自己的视野打开，为自己寻找可以和他人交流的机会。在美国，即使你分数再高，也没有人喜欢闷葫芦的。你可以和同学朋友交往，大大方方，不卑不亢，这也算是入乡随俗了吧。

在文章的结尾，请允许我放肆一下。不会管孩子的中国父母们，就别瞎管了。给孩子点儿自由，至少可以让孩子长大后别像个机器人：大难临头，都不知道怎样补救。

58.孩子是否出国留学，一定要尊重孩子的意愿

今年夏天我回国时，顺便去北京的王府井书店，看了看我的第一本书。当我在琳琅满目的书架上兴致勃勃地找到我的书时，我刚好遇到一位老大爷正和他的孙子在那个书架上找书。

"大爷，您的孙子想出国留学吗？"我一边翻书，一边亲切地和老大爷打着招呼。我还以为自己很友善呢，没承想，听了我的问候后，老大爷望着我，面带惊色，一声不吭就拉着孙子匆匆地走了。老大爷离开时，我恍惚听到老人家对孙子说：那女的可能是搞留学中介的，她在拉生意呢，咱们离她远点儿。

每次回国我都能感受到国内的巨变。这次回国我惊奇

地发现，如今"留学中介"已经家喻户晓了。把孩子送出国，似乎成了很多中国家长的迫切愿望。因为我出了两本和美国教育有关的书籍，很多国内的家长经常把我当作"留学咨询处"。概括一下所有家长的来信，我听到的最多疑问是：我该不该送孩子出国？

假如我说，不要送孩子出来留学，估计那千千万万的留学中介非得恨死我不可。没有人办出国留学，人家留学中介该怎么做生意呀。假如我说，别让孩子出来啦，估计那万万千千望子成龙的家长们也会万分不解。我们想把孩子送出国镀金深造，这有什么不好啊。

我以为，让孩子出国，就像把一条小鱼放进大海里一样，既有风险，又很刺激。孩子出国又像把淡水鱼放进咸水里养一样，虽然同样是水，但环境变了，孩子需要学会适应这不同的环境。富二代虽然也是小鱼，但有富一代的资金为孩子造救生圈甚至是潜水艇。富家子弟出国，不管多么有风险，却不太容易沉底。但平常人家的孩子就不一样了。平常人家的孩子只是一条裸鱼，他们没有潜水艇，没有救生圈，所以他们出国比富二代的风险要大得多。有些孩子只适合在河水中生长，如果你硬要把他们送进大海中折腾，就很不明智。有些孩子是水陆两栖的人才，这样的孩子就应该出来看看。孩子是否要出国，并没有明确的答案。因为这世上没有两条完全一样的鱼。

对很多家庭来说，是否送孩子出国留学，的确是个很纠结的问题。毕竟出国留学不是送孩子上托儿所，学费昂贵暂且不说，父母对子女那种揪心扯肺的牵挂，足以折磨爱子疼女的家长们。我曾经收到一些家长来信向我求助，他们为留学美国的孩子牵肠挂肚，日夜身心不安，焦虑万分。这些故事让我都觉得非常难过。记得一位家长说：我孩子到了美国以后非常不适应，孩子不吃不喝的，好像得了忧郁症。这可咋办啊。孩子嚷嚷退学，我们都花了那么多钱了，哪有退路啊。我知道有一个中国小孩子来美国初中游学半年，最近又回国了，说是他跟不上美国学校的进度。这样的孩子和家长其实都非常明智，也很睿智。有一种胜利叫撤退！很多中国孩子在美国受罪，大人在中国受罪（操心、惦记、焦虑、准备钞票），但他们就是在那里硬撑着。撑来撑去的，大人老了，孩子呆了。

　　如果孩子适应不了美国生活，不行就回国，没必要在乎别人的窃窃私语和所谓的面子问题。只有孩子的前途是实实在在的，别人的议论都是虚无缥缈的浮云，风一吹，云就会消散。即使别人的议论是压在头顶的乌云，那又怎样？我们活给自己看，也不是活给别人看的，何必在意他人的议论或非议？

　　造成上述这种尴尬局面的原因很多，一个最主要的原因便来自我们家长本身。我们中国家长有一个优点，同时这优点也是一个缺点。有时候，我们做家长的常把孩子当作一只宠物狗似的，我们虽然爱他，但我们非得用绳子牵着他走才放心。在很多事情上，我们特别爱为孩子做主。比如说出国留学这事儿，到底这是家长的意愿呢，还是孩子本人的意愿呢？

如果您问我，我的孩子是否需要出国留学？我能给您的建议是，请您先问问您的孩子，看看他本人是否想出国留学。如果您的孩子对出国的兴致不高，这个问题基本就有了答案。如果孩子本人特别想出国留学，您不妨正面引导一下，并考察一下您的孩子是否具备一种能力，能承受出国留学后那种被连根拔起、像浮萍一样没着没落、寂寞难耐的感觉。

和国内的家长一样，我也非常关心我自己孩子的学业问题。有一段时间，我们也动了让孩子回国读医学院的念头。我们的想法是，回国读医学院省时间、省学费，孩子既可以学到医学知识，又能学学中文，还能培养和国内亲人的感情。在我们看来，这是最好的教育和情感投资了。

当我们把这种想法和孩子沟通后，哪知道孩子根本不买账。换句话说，我家孩子的心智还不够成熟，她根本不理解和接纳我们的想法。也有另外一种可能，我们的想法并不完全正确，所以孩子才会对此无动于衷。好在我们在美国生活多年，已经慢慢懂得尊重孩子意愿是多么的重要。既然孩子对回国没兴趣，我们就再也不提这事儿了。

我该不该送孩子出国？对这个问题，您还是先问问孩子自己吧。如果孩子没兴趣出国，您千万别逼孩子出国受洋罪。如果孩子想出国，家长就大力支持他吧。

59. 什么样的孩子适合来美国读中学？

孩子到底要不要来美国读中学？对这个问题，众说纷纭。支持与反对者像拔河比赛一样，各不相让，势均力敌，不知哪方才是最后的获胜者。我本人，曾经非常反对让孩子来美国读中学。我觉得孩子太小，心灵太嫩，小小年纪就出国受罪，真没什么必要。

如今世道变了，不仅是大人的观念在变，中国孩子的本领也在变。越来越多的中国孩子，见多识广，成绩出众，才华横溢，他们一边在中国对付应试教育，一边对大洋彼岸的美国教育跃跃欲试。这种现象的出现，催生了大量的留学中介，很多家长也在观望中为孩子筹划着未来。

既然思想的门已经打开，家长们索性就让美国风尽情地吹进来。知此知彼，多了解一下美国中学的教育特点，绝对不是坏事。根据我对美国中小学教育的观察和对中国家长的了解，我来简单谈两点看法，供家长们参考。

首先一个问题，什么样的孩子合适来美国读中学？

我曾经破天荒地给美国加州的升学顾问打电话咨询上美国名校的信息。我已经了解的信息是，要想上美国名校，GPA 要全 A，SAT 要满分，课外活动要优秀。我

只是想问问，如果成绩不是全 A，SAT 不是满分，能
上名校吗？我得到的回答是：悬！看到中国孩子前赴后
继地来美国，能上美国名校的孩子到底能有几人？中国
孩子在美国花很多钱上美国的一般大学，这样的投资值
不值？

我觉得，能进美国名校的孩子，才适合来美国读中
学！来美国读中学的中国孩子，应该以进美国大学中的名
校为最终目的。只有进美国名校，从中学到大学这样的长
期投资才值。如果孩子不是读名校的料，来美国读中学就
没什么必要。花那么多钱，读美国的一般大学，对工薪阶
层的父母来说，不是一个最好的投资，除非孩子父母有着
用不完的钞票。

其二，如果孩子的英文水平一般，来美国读中学就要
慎重。换句话说，英文不好的孩子，进美国名校基本没
希望。有的家长可能会说，我知道自己的孩子英文不好，
到了美国，他的英语肯定就会提高了。家长能看到的提
高，大都是表面文章。美国高中的英语分几个班，普通班
（regular），荣誉班（honor），尖子班（Gifted and talented，
GT）。中国孩子如果只能在普通班晃悠，进名校的希望肯
定不大。的确，孩子到了美国，口语可能会好点儿，但阅
读和写作，不是一朝一夕就能提高的，而英文阅读和写作
技能，在美国高中太重要了。写作技能欠缺的孩子，基本
没指望进名校。

　　我以我家二宝为例，简单说说美国高中的教育现状。我家二宝在英文的最高班（GT）里就读，她现在用的英文课本是"世界文学"。这个课本，至少是国内英文专业的大学课程。每天，她花在文科上的时间大大多于理科时间。每次写作文，她都会去图书馆借 10—20 本书，快速阅读消化理解之后，用最精练的语言写出老师要求的文章。从小到大，二宝从没为英文发愁过，但高中的英文作业，经常让她熬夜。尽管如此，我们也不能保证她一定能进名校。在美国出生长大的孩子，应付高中英文作业都得下狠气力，半路杀来的中国孩子，更要在英文阅读和写作方面下大功夫才行。

60. 为计划来美国留学的朋友提些建议

　　自从我在新浪开博涂写美国的生活以来，我收到很多国内朋友的来信和留言。大家关注的大部分话题依旧是出国留学。虽然，我没能一一回复大家的来信，但大家心里的不解和焦虑，我都认真地读过了，我也很理解大家渴望出国留学的心情。能出国看看，固然是好事。但暂时出不来，那咱也得安心立足于国内的学习与工作。

　　我一直在琢磨着，我该怎么样准确地表达自己对出国留学的看法才好呢。再怎么说，本人不是从事留学咨询的专业人员，最关键的是，如果误导了大家，那就太不好了。不过，我在美国生活多年，对这个国家的教育有所了解。我可以根据自己的经历提些小建议供大家参考。

（1）无论是大、中、小学生，要出国留学，一定要好好学习英文。英文水平的高低就像你银行中的存款，钱当然存得越多越好，英文越流利越会受到人们的偏爱。

（2）对于正在攻读大学的孩子，如果你不喜欢现在的专业，看看是否在国内本系本校或外省市院校可以解决。如果不行，那就努力来美国或其他留学国家吧。别的国家我不敢妄言，在美国，改专业比在国内普遍和容易得多。这样的例子有很多，说也说不完。

（3）出国留学当然要趁年轻，如果四十五岁以前您还没能出来看看，那就不要再勉强自己了。安安静静过几年后，您可以出国给子女照看孩子了。

（4）能在国内把牙齿矫正好的，就带着一副整洁的牙齿出国。能在国内把肥肉减掉者，就不要带着铅球之身飞越太平洋。能在国内吃饱饭的，就不应该带着豆芽菜的体格来见导师。身体健康、精神饱满、着装得体的高素质留学生会受到欢迎。

（5）看到谁出国了，你不一定非要羡慕他，因为他在国外不一定会比你在国内过得好。看到谁回国了，也不一定要猜测他回国的动机，他回国不一定是因为他在国外混不下去了。

（6）中国的孩子们从小到大够辛苦的了。能在国内读本科的，就不一定要孩子出国受洋罪。特别是家境一般的父母，没必要为了孩子的出国留学而负债累累。

（7）揣着一颗玻璃心，心理素质脆弱的，一遇到困难，就想着割腕、喝敌敌畏、摸电门、跳楼的朋友们不太适合出国。

（8）对国外的亲朋好友以及博友的期望值不要太高。不是他们不想帮你，是因为他们精力有限或者根本就不了解你的问题，真的无法帮助你。求人不如求己，相信别人不如相信自己。

（9）别人的经验不一定适合你，别人对事物的认知程度，不一定会和你有多少契合。普通博友的八大理由或九大后果类的文章，当然也包括我这篇，不一定值得你细细品读。读过之后，只能做个参考而已。

（10）努力提高个人的素养十分必要。不管你出国漂泊还是在国内奋斗，心怀感恩之情，珍惜你拥有的一切。对"谢谢""对不起"等礼貌用语，不要勉强自己才能说出来，而应该发自内心脱口而出。

（11）如果想在留美之前，对美国有更多的认识，我向想了解美国的朋友们推荐一本书，此书是由迈克尔·里奇编著的，书名是《我喜欢做美国人》（*I Like Being American*，Edited by Michael Leach）。书中有大量来自世界各地的移民立足美国的励志故事，此外，还介绍了许多美国的文化和历史。

61. 留学生来美国主要带什么比较合适？

我家里的一位亲戚，要来美国留学。他打电话问："来美国时，我究竟要带些什么东西呢？"其实，美国什么都有。所以，要带东西的话，最好带些中美差价比较大的物品才合算。否则，大包小包的，那就是劳民伤财了。不过，打电话的时候，我一时语塞，竟不能马上回答他。放下电话，我初步想了想，罗列下面几项，供我的亲友和其他出国留学的朋友们参考。

（1）书及字典

除了在书店降价的时候，美国的书，特别是教科书，通常都很贵。和国内的价格相比，那些考 TOFEL 和 SAT 的书，也不会便宜多少。虽然，到网上书店可能买到便宜的书，但留学生刚来美国，申请信用卡还需要一段时间。所以，对那些需要信用卡付账的网上购物，一时还行不通。因此，各种工具书，尽量多带一些。比如，记得我出国那几年，国内流行过的托福 600 分对策，来到美国以后，我根本就看不到这样的书。国内的中英对照资料，肯定比美国要全。这样的书，最好带上。尤其是英文水平暂时不过关的，更是如此。一本英汉字典应该是必需的，或者是电子英汉互译字典书籍。现在手机普及，也不妨出国前安装一些正规、权威的英汉互译通用软件。

（2）衣服

据我所知，国内的名牌服装，在美国普通人中间，基本没几个人认。比如，当年的国内"十佳""李宁""邓亚平"品牌，除了华人，美国几乎没几个人知道。而美国的名牌服装，在国内又偏贵。记得那年，我去北京的一家商场看到美国比较流行的休闲名牌POLO，大概是一千元左右。在美国，应该不会这么贵。打折的时候，同样的衣服，大约二十几美元就可以拿下。来到美国以后，同学们还是入乡随俗吧。基于这样的考虑，衣服不用带太多。我的个人看法是，对留学生来说，美国普通品牌的服装就够了。这样的衣服，通常很便宜。如果家庭有条件从国内带美国流行的品牌，POLO，TOMMY，NAUTICA 等比较常见。

（3）电子产品及其他日用品

美国一般的民用电压是110伏。所以，从国内带电子产品时要有所考虑。至于被子床单什么的，如果它们占体积太大，不一定非要带过来。因为，即使在美国买这些东西，价钱上也不会太吃亏。美国的床分下面几号：单人床（twin），双人床（full），大号床（queen），特大号床（king）。每个商场里，都会有相应号码的床单和被子与之配套。

（4）药品

美国医药费比国内要贵，这是肯定的。留学生通常都会买医疗保险。即使如此，在美国，买药看医生都要花挂号费（copay）。不同保险公司看病的挂号费不完全一样，大约在 10—30 美元之间，专科医生会贵一些。药物的 COPAY，根据药物的紧俏程度，也不完全一样。所以，适量带些常用药应急（比如，抗生素），应该可以。但任何药物，都不要带太多，否则会过期失效。还有，我知道，美国的眼药膏价钱和国内相比，不便宜。但现在机场检查严格，带这样的药品也要慎重。

（5）给朋友的礼物

如果考虑给华裔小朋友带礼物，以俺家的经验，最好不要给在美国出生的孩子买衣服做礼物。特别是那些已经上学的孩子，如果孩子不喜欢国内的童装，最好不要勉强孩子穿。在美国学校，如果孩子穿的衣服样式和周围同学的不一样，他们会有压力，周围的美国小朋友，也会觉得奇怪。但有一种服装例外，那就是中国的旗袍。在美国，任何年龄的中国女孩，穿上合体的旗袍，都很自豪，也很漂亮。需要特别提醒的是，不要买那些带有拼错英文字母的衣服。这样的衣服，让老美看到了，可能会觉得咱中国人拼写不行啊。给孩子买一些适合小朋友观看的中文儿童VCD，特别是介绍中国国情和传统文化的经典作品，还有英汉对照的适合外国人使用的学中文读物，应该很受欢迎。

如果给华裔成年朋友带礼物，我一般认为，华人在美国，不管出国多久，都想家啊。我本人，喜欢影视音乐作品。周围很多朋友回国时，也大量地带国产电影电视剧 VCD 回来。爱好文学的朋友，也会喜欢国内的精品书。这些，都可以考虑。至于精品茶叶什么的，也会受欢迎。

如果给美国朋友带的礼物，在美国，很少会把名牌香烟当礼物送人。这个国家吸烟者的比例相对比较低。送老美一瓶中国特色的名酒，应该不错。不过，最近美国机场规定，不让乘客带任何液体乘机。所以，几乎就失去了这个选择。正宗的中国茶，手工艺术品，也很不错。总之，送一般的美国朋友礼物，不一定很贵重，有中国特色就可以了。

这只是泛泛而论，不能一概而定，随着中国经济的发展，技术的进步，电子产品的推陈出新，会有许多可以示人的新奇礼物赠予亲朋好友。

62. 留学生在美国如何交美国朋友？

近日我收到一封读者来信如下：

陈老师，您好！关注您的博客很久了。在您的博客里，我读到的都是温馨。很喜欢穿梭在您的文章之间。我是一个在美留学生，攻读硕士学位，来美国有 8 个月的时间了。我渐渐地发现，由于课业紧张，我很少有机会融入美国学生的圈子。周围的朋友还是中国人多。和美国学生有交流，但很难交到真正意义上的朋友，不知道怎么和他们打交道。我们和美国人从小玩的东西就不一样，思想上接受的熏陶也大相径庭。美国人讲张扬个性，很放得开，亚洲人讲含蓄矜持，我所学的专业，亚洲人居多。处在这样的环境里，这样的两大群体，我该怎样和身边的人相处呢？我也想融入美国学生的圈子，但不知道怎么和他们交流打交道，怎样能交到真正意义上的美国朋友呢？真正做到有效沟通？

上面这封信内涵很丰富，也很有代表性。信中所述的这种情况，现在如此，过去也如此。记得我在美国求学时，根本就没有可以掏心掏肺的美国朋友。尽管留学生很难融入美国人的圈子，这事也不必太悲观，凡事顺其自然为好。

根据我的了解，美国人的生活空间相对独立，对朋友的依赖也是轻淡如水的。国内常见的那种铁哥们交情，如果想在美国人的身上生根发芽，谈何容易！苹果和梨子虽然都是水果，但它们的味道还是大不相同的。我们和美国人的不同，可以类同于苹果和梨子吧。

语言障碍，不能淋漓尽致地表达自己，在任何交友过程中，都是一个负面因素。如果你有结识美国朋友的意愿，那一定要提高口语水平。最近看了什么电影，看了什么球赛，这些都是和美国人没话找话的突破口。另外，美国教会是你认识美国人的好去处。如果你对《圣经》有所了解或者感兴趣，你可以在美国教堂和美国人滔滔不绝地狂聊大卫和摩西。至于对美国同班同学，你能做到不卑不亢就可以了。如果对方有和你交友的意愿，你会有感觉的。没有感觉的勉强交友，也没什么意思。

在美国，朋友也不是天天缠在一起的，更不会经常下酒馆唱卡拉OK的。作家董桥写过一段话谈及西方人的交友观，作家的中心思想简而言之就是说西方人交友很"淡"，别指望美国朋友会和中国哥们一样大碗喝酒、大块吃肉的情况发生。

对大多数人以礼相待，有一到两个知己，人这辈子也就够了吧。现在能够彼此互相应答的纯粹友情越来越罕见了，人们更多谈论的是物质和金钱。所以缘分的互相应答很重要。一旦听到情感的回声，绝不要放弃，一定要好好珍惜。因为今天的朋友或许就是明天的知己。

63. 留学生要注意餐桌礼仪（table manner）

一位网友给我留言道：外甥女现正在美读书，因是18岁的女孩，美国的学院（college）在寒假期间不提供住宿，故表哥不放心，说服我收留她。我好吃好喝好住地款待了她女儿半个月，花了大量的时间、精力与金钱。孩子是个大胃王，吃东西时完全不顾及旁人，好吃的东西可以毫不客气地一通猛吃，旁若无人、风卷残云，瞬间一扫而光。

上面这个留言，让我不禁想起了我出国前受到的礼仪教育。出国前，我在国内学过的基本都是"纸上谈兵"的美国餐桌礼仪。到了美国以后我才发现，那种刻板的餐桌礼仪，在平民百姓的聚餐中，被执行的并不多。比如叉子该放在盘子的左边还是放在右边，有谁会真正在乎它呢。大家都忙着吃饭，而且美国又有那么多的左撇子，他左你右的，你右他左的，叉子是放左还是放右，分那么清楚干嘛。

虽然叉子放哪边没人特别在乎，但基本的餐桌礼仪还是要讲究的。比如吃饭时不要当众打嗝，不要在餐间摆弄牙齿、剔牙，吃饭时不要发出"吧嗒吧嗒"的咀嚼声儿，这些都是最基本的餐桌礼仪。

还有一点最好别忘了。当你嘴里含着饭菜时，不要和别人"谈笑风生"。这个规矩，美国人遵守得非常好，而我却经常违规。我经常在聊天儿尽兴时，光顾着侃大山，却把嘴里的饭菜给忘了。只要我含着饭菜巴拉巴拉一说，我的孩子们就会对我悄悄使眼色。一看到他们急得无可奈何时，我就知道自己犯忌了。

我招待过美国孩子，也欢迎过中国小留学生。对比一下，我发现美国孩子的餐桌礼仪比中国孩子要好一些。美国孩子除了很注意上述的餐桌礼仪，对心仪的食物，他们很知道收敛，他们会蜻蜓点水般的吃一点儿，而不是狼吞虎咽吃个没完。我接待过的某些中国孩子，有的人刚坐到餐桌前，就会喊"饿死啦，饿死啦"，然后会是什么样，你就可以想象了。在美国的餐桌上，当有很多人在一起共餐时，如果你想吃最后一块儿肉或者最后一个水果，你最好礼貌地问一下大家，"我可以吃最后这块儿肉吗?"而不是不管不顾地吃空盘子了事。稍稍留意一下，记住并遵守这些小细节，不仅会让你的招待者感觉更舒服些，他人也会觉得你很有礼貌，懂礼仪。

64. 一位留美中学生所面临的窘境

一次聚会，喜欢扎堆儿的华人们正在叽叽喳喳地神聊。在热闹的欢声笑语之间，李大姐贴着墙根，面带愁容，心神不宁。经我们仔细打听才得知，李大姐最近遇到难题了。李大姐来美多年，经几次改行和多年的打拼，她和老公现在有房有地有儿女。和一部分在美国的华人一样，他们不仅衣食无忧，还能经常外出旅游，四处呼吸新鲜空气。

这个月来，李大姐的生活发生了翻天覆地的变化，令她苦恼不止。您可千万别误会，李大姐和李大哥感情稳定，绝没有离婚的可能。令她忧心的是，最近入住她家的小留学生，仿佛已经成了她生活中的"癌症"。经向多方求救，几经周折，至今仍"无特效药可医"。

如今一提起出国留学，国内家长都像打了鸡血似的，恨不得都想把自己的孩子送到美国来。再加上留学中介的黑心忽悠，美国恍然成了中国家长回避国内高压教育的理想天堂。18岁的米粒同学，就是被她爸妈从中国一脚"踹"到了美国。"粒粒呀，美国学校宽容自由，学习压力不大，到了美国，你要好好学习，争取直接考进常青藤盟校[①]。"在出国前夜，米粒的妈妈，满心欢喜地为女儿憧憬着不远的未来。

可惜，米粒同学只是个"小米粒儿"，其实她根本就做不了她妈妈期待的"大馒头"。到了美国之后，接待她的美国家庭，首先就让米粒同学太失望了。美国人吃的那是些什么东西啊，黑乎乎的，这都是啥呀？太难咽了！美国地主的德州英语，一口牛仔气，米粒也听不懂。这户美国人家，除了吃饭时有点儿人气，其他时间，寂静得就像个坟墓一样。唉，真是孤独寂寞啊！

夜深人静时，只要一想起北京的熙熙攘攘，再看看美国德州的冷冷清清，这巨大的反差，立刻便把米粒同学压榨成了一粒尘埃，在寂静的夜空中孤独地漫天飞舞。"以

---

① 常青藤盟校（Ivy League）是由美国的七所大学和一所学院组成的一个高校联盟。它们是：宾夕法尼亚州的宾夕法尼亚大学，马萨诸塞州的哈佛大学，康涅狄格州的耶鲁大学，纽约州的哥伦比亚大学，新泽西州的普林斯顿大学，罗得岛州的布朗大学，纽约州的康奈尔大学，新罕布什尔州的达特茅斯学院。

前总觉得只要一出国，我就能'人五人六'的啦，哪想到，到了美国，我却像尘埃一样微不足道。"郁闷中的米粒，委屈的眼里流出几滴清泪。"都怪我妈"，她愤愤地想着，并动起了打道回府的念头。

想回国？绝对不可能！米粒妈听说小米粒要打退堂鼓，马上大笔一挥，给女儿下了一道死命令："粒粒呀，为了让你出国，爸爸妈妈省吃俭用的，为你攒学费，你可要为爸妈考虑考虑呀。邻居家的王大头，马上就要从哈佛大学毕业了，你得向他学习，给爸妈争气呀。"

米粒的妈妈望女成凤，本无可厚非，可她稀里糊涂地崇拜他人，就太让人笑话了。她家邻居的小公子，也就是王大头同学，在中国只是个中低档学生，他有什么三头六臂的本事能去哈佛大学呢？王大头就读的学校叫哈沃德大学（Howard University），地处美国华盛顿。这个校名和哈佛大学（Harvard University）看上去有点儿像，只有一个字母之差，于是米粒同学的妈妈眼中，王大头轻易就成了哈佛大学的学生。

孩子就是孩子，一旦动了不想玩儿的念头，大人说啥都没用。为了和妈妈消极对抗，米粒开始旷课，混天混地，靠购物打发时间。她的皮鞋买了一双又一双，她的背包添了一件又一件，钱都快花光了，她的功课却一路亮起了红灯。坏了！这小崽子，可让我如何是好？情急生智，米粒妈忽然想起了她的大学同学李大姐。

很久很久以前，李大姐和米粒妈就读于北京教育大学中文系。两人在大学时睡上下铺，关系不同寻常。李大姐出国后，改行做了电脑工程师，米粒妈则成了北京某著名中学的副校长。多年来，这位副校长一直活跃在教育领域，又一直担当着"调兵遣将"的职务。不容分说，她就把女儿塞给了她的老同学李大姐："小李呀，当年咱俩关系最好啦，现在我有难题了，你一定要帮我呀。"巴拉巴拉，一个又一个电话，副校长稀里糊涂就让老同学"乖乖就范"了。

于是，米粒同学离开了德州，转战南北，到了美国东部城市巴尔的摩，成了李大姐家的常驻人员。具体手续，这里不便多言。别忘了，米粒妈是中国北京某著名中学的副校长，除了英语不行，她别的本事可大了去了。

米粒妈终于松了口气，李大姐却压抑得想上房揭瓦："这个米粒太难对付了，毛病一大堆，却说不得碰不得。"李大姐和米粒，不仅有年龄代沟，而且还有文化差异。最要命的是，李大姐的宝贝女儿，和米粒生活在同一屋檐下，却形同陌路。"妈咪，你快让这个米粒走吧，我不想让她住在咱家，她不懂礼貌，总是乱翻我的东西"。除了战胜自己对米粒的恐惧，李大姐现在又多了一道难题。

眼看就到年关了，李大姐感觉自己就像杨白劳遇到了黄世仁一样。唉，我该怎么向老同学交差呢？这些天，李大姐是走哪儿想哪儿，人都快"魔怔"了。她深沉的叹息，也引来了围绕在她周边扎堆聊天所有人的一片唏嘘之声……

65. 中国留学生被美国大学开除的根本原因是什么？

近日各路媒体纷纷报道令人郁闷的讯息：去年美国大学开除了 8000 名中国留学生。报道称，被开除的主要原因之一是成绩太差。因为成绩差，聪明的小留学生们肯定会采取补救措施，于是才会有学术不诚实等后续错误。

说实话，中国学生被美国学校开除，我一点儿都不觉得意外。不是我幸灾乐祸，而是我实话实说。实际情况是，美国大学并不好混，别说是中国学生，就连美国学生也会为学习成绩焦头烂额。今天我刚刚读到一篇文章说，"美国亚拉巴马州惊传逆伦血案，22 岁大学生布兰希特（Tyler Blansit），因为学习成绩跟母亲发生争执，竟然用棒球棒打死母亲"。瞧，美国学生因为成绩差都惹出人命了，中国孩子被开除，中国家长心急如焚的惊讶，我们完全可以理解。

在我这个老留学生看来，某些中国学生被美国学校开除的厄运，在他们走出国门前就已经尘埃落定了。为什么我会这么认为呢？根据我对小留学生群体和留学中介的了解，提供假成绩单者肯定大有人在。若有好奇者，你们可以跟踪调查一下这 8000 个中国孩子在申请美国大学时提供的成绩单和个人陈述等，看看他们的入学材料是否都是货真价实的？若本来就不是出国留学的料，却被某些中介包装成了高大上的优等生，一旦走出国门，这些孩子面临的命运可想而知。

因为底子薄，这些孩子应付美国大一大二的公共课程肯定不行。在美国大学设置的公共课程中，仅是文科课程就会让中国学生发蒙。在美国大学，即使是学电脑专业的理科生，你也得修一些文科课才能毕业。上了近十门美国大学的文学课程以后，我对美国的文科教育应该有亲身经历的发言权了。总而言之一句话，美国文科课非常难修！美国文科老师通常要求学生在上课前就要完成大量的阅读，上课先考试，然后老师再蜻蜓点水地说说重点。再加上写不完的文章，读不完的书，习惯照本宣科的中国学生，很难适应这种教学方式。如果留学生的英文优秀，这种高难度的文科课程他们尚可应付。如果留学生的英文只是半瓶子醋的水平，修美国的文科课程肯定是难于上青天。如果连大一大二的公共课程都应付不了，留学生被开除肯定在所难免。

总而言之，我认为小留学生被开除的两大根本原因是：第一，申请美国大学的成绩单有水分，使得本来就不合格的中国学生被假包装送到了美国。第二，小留学生的英文水平不行。至于生活能力差等其他原因，我认为都不是主要问题。因为无法应付功课，小留学生才会破罐破摔地犯形形色色的后续错误。由此可见，避免小留学生被开除的解药只有一个：老老实实提供真实的成绩单，在国内踏踏实实学好英文之后再出来。家长们千万不要把不会游泳的孩子往深海里推了。

第八章

中国式英语教学与美式英文特点

66. 如何学好英语？浅谈中国的英语教育

漂泊于网络，我时常会收到网友的提问。毫不夸张地说，网友问我最多的问题是：我在中国，怎样才能学好英语呢？每次看到类似的问题，我都有一种茫然的感觉，不知道该怎么准确地回答读者的提问为好。

为什么我会这么悲观呢？这是因为中国的英语教学确实存在一些弊端。身为留学生，我本人也曾亲身经历过这种教育弊端带给我的尴尬。具有讽刺意味的是，去年我回国并到国内的一所初中旁听英语课，我多年前经历的中国式英语教学法还是一如既往，和以前没什么差别。坐在中国的教室里，我不禁感叹道，"因为在美国留学，我的英文虽然进步了，但国内的英语教学还是固守不前。"课堂中的孩子们，为了应付考试，不得不死记硬背一些他们或许根本就用不着的英语。

举个简单的例子说明一下这个问题吧。记得我上高中时，我的英语老师一遍遍地告诉我们，要区别好 out of the question 和 out of question 这两个词组。在单词 question 前加个定冠词是什么什么的意思，不加定冠词又是另外一个什么什么的意思。中国老师一遍遍考我们的这两个词组，到底有什么区别？到了美国以后，无论是在我的口语还是在我的各种论文中，我从来就没有用过这两个词组。如果我想表达"没问题"的意思，我简单说两个单词就可以了，no problem。中国的英语课堂上，还有很多几乎用不着的死英语，老师不厌其烦地灌输，学生别无选择地"生吞"。这样的教学，让我这个旁观者看来，老师和学生真是虚度大好时光了。

中国学生如何学好英文？这是个简单而又复杂的问题。要想回答这个问题，我不妨把国内的学生分成两大类。一类是只求在国内发展，没有出国打算的学生。另一类是有出国打算的学生。对第一类学生，答案很简单。如果学生刻苦努力，时时跟着英文老师的教学大纲走，每次考试都得高分，这样的学生应付国内的英文考级或者研究生英文考试，应该没什么大问题。乐观地说，没有出国打算的学生，老老实实跟着英文老师学习中国式英语就可以了。比较头疼的是那些有志出国的学子们，根据我本人在美国文理科的求学经历，还有很多旅居在美国中国留学生的经验分享，我可以肯定地说，熟知中国式英语的学生，到了美国不一定能应对自如。至少初来美国时，国内的英语尖子生很可能会有休克的感觉。所以说，未来的留学生如何在中国本土学好英文，这是一个大问题，也是一个可以长篇大论的大话题。在这篇文章里，我主要想简单聊聊打算出国的孩子该怎么学英文。

最近我在新东方黄培辰老师的博客里，看到了如下信息。为了辅导大学生考研，黄老师对英文作文的第一段要求如下：（1）都会涉及数字名词；（2）都会涉及地点和方位；（3）人物都会涉及动作神态；（4）人物多会涉及心理活动分析；（5）经常能用象征点题结束。看了中国老师对英文写作的要求之后，我不禁想起了我的几位美国英文老师对我们的写作要求。美国老师的评分标准是，一篇好文章的第一段应该包括这样的内容：（1）名言（quotations）；（2）统计数据（Statistics data）；（3）简单的背景介绍（background）和过渡句（transtition）；（4）文章的主题或者假说（thesis）。对比一下中美老师对作文的不同要求，我能看出的最大区别是，在文章的第一段，美国老师希望明确看到文章的主题（thesis）是什么，而中国老师对这一点似乎并没有明确要求。

鉴于中美老师对作文的不同要求，可以想象，习惯中国式英语的留学生到了美国以后，对美国老师的要求，肯定会有不适感。折中一下中美老师对写作的不同要求，看来我们对英文学习也需要入乡随俗。关于中美学校的写作要求，我们很难说哪种写作的要求合理，哪种写作的要求毫无道理。在我看来，跟着中国老师，就学中国式英语；跟着美国老师，就学美国式英语。因为学生的首要任务是应付考试，在求学期间，学生不应该以挑剔的眼光评价老师。中国式英语再有弊端，它也是我们出国的敲门砖。没有中国英文老师的心血，也就没有我们的今天。

在中国，为了应付各种考试，学生要无条件地适应中国式英语。但这并不意味着中国式英文毫无瑕疵。那么中国英语教学的弊端到底有哪些呢？去年回国，我见识了很多和英文学习有关的独特景象，尤其是我们中国人对英文的狂热，已经让我无言以对了。我能看到的问题包括如下几方面，我写出来，愿和大家一起探讨。

弊端之一，英文热和国情不符。中文是我们的母语，如果只是在中国工作学习和生活，学好中文才最重要，根本用不着从小学时起就让孩子们狂热地学英语。

弊端之二，课后英文班的学费太贵。尤其是在北京这样的大都市里，英文补习的学费之高，让我惊诧不已。有一次我在北京西直门附近收到一份硬塞给我的广告，在北京某英文补习班，一小时的私人教学，学费居然高达780元人民币。

弊端之三，课外英文班老师太能忽悠家长。我在北京天地剧场附近，遇到一位忽悠英文教学的推销小姐。据她们的广告介绍，孩子去学一个月，就可以流利地用英文交流。这种狂轰滥炸不负责任的补习班广告，他们自吹自擂的教学方法，根本就不符合语言学习循序渐进的基本规律。

弊端之四，正规学校的英文教学课本内容死板，老师的教学方法也值得改进。我去年旁听中国初中的英语课时发现，过分强调英文语法，让学生死记硬背那些没有话语环境的固定词组等，依然是现在英语教学的重要内容。这种教学状态，缺少老师和学生之间有意义的互动，学生只是重复背诵老师的答案，课堂气氛生硬、刻板且沉闷。

俗话说，巧妇难为无米之炊。为了提高英文教学水平，也同时提高学生们学习英文的乐趣，老师和学生共同拥有一套好教材是非常重要的。在美国，即使学前班的孩子们，或者是只认识几个字的婴幼儿，都有和他们年龄相匹配的英文读物。这些读物不仅仅向孩子们提供学习语言的材料，同时也在向孩子们灌输一些人文和爱国情怀。比如像《圣经》这样的宗教读物，美国都有婴幼儿版的故事。

如果不把英文仅仅当作一个应试工具，而把它同时当作一个学习文化的媒介，我们若能在中国的中小学英文教材里，增加一些中国传统文化的内容，就可以达到一举两得的目的：中国孩子既学习了中国文化，又学到了英文。在英文课本里补充增加一些中国文化知识，不一定需要英文专家们大动干戈。中国的"四大名著"，《论语》，《道德经》，唐宋诗词等等，都有现成的英文译本。只要编辑教材的专家们稍稍研究一下英文词汇，完全可以顺手拈来，选用美国亚洲文学课本里合适的章节就可以了。乐观地预判一下，如果孩子们学习了这种含有中国元素的英文课本，将来中国孩子出国留学时，在他们有和外国人聊天儿的机会时，就可以用正规的英文向外国朋友介绍中国文化了，至少在聊天儿时可以有一些美国人能听得懂的中国话题。另外还有一些通俗易懂（plain English）的英文诗歌，都可以当作学习的教材来用。看原版电影，也是个学英文的不错选择。

我的这种想法肯定是有点儿异想天开，因为我当然知道修改教材不是一件简单的事儿。如果没有现成的教材，你又有志出国，应该尽早下手，给自己补充些养分，用来弥补一下中国教材的不足。记得我在国内求学时，学过一套《新概念》英语。在我看来，类似于这样的教材就很不错，从中我们既能学到英文，又能学到很多英语国家的人文地理等知识。用英文了解中国文化，用英文了解美国或者其他英语国家的文化，至少会减少留学生们初来乍到时的文化窒息感。

说了半天，未来的出国留学生到底该怎么学英语？我的答案是，除了应付中国式英语，还要尽早涉足美式英语。诗歌，电影，杂志等等，都是学习英文的好教材。

附注：美国老师的作文评分标准

同行审查提示

（1）确定作者论文的论点。一旦你确定了论点，评论其优势和弱点。如果你找不到论文的论点，请在你的论述中注明这一问题。

（2）观察的这篇文章中的段落顺序。你能发现该草案为什么如此顺序排列段落的逻辑理由吗？如果是这样，原因是什么？如果不是，作者该如何以更符合逻辑的方式构造这篇文章？

（3）这篇文章的意思连贯吗？换句话说，所有的段落都是在共同支撑论文陈述的主题思想吗？

段内的所有的句子都关联一个共同的主题或想法吗？

作者可能添加或删除什么以提高文章的连贯性？

（4）作者是否有效地使用了主要与次要的引用资料？所有的原引都是准确地按 MLA[①] 格式样本引用的吗？

（5）评注文章中至少一个正面的观点。尽可能详细阐述这一正面的观点，并建议作者，身为一个作家基于他或她的优势其今后的写作道路。

（6）至少评注一种作者可以改善这篇文章的方式。尽可能详尽地提出修改策略。

67. 中国式英语在美国吃不开

我曾经在博客公开了我和孩子的英文书信通讯记录后，一些国内的读者不禁大吃一惊。你去美国这么多年了，怎么还说 good good study and day day up 这样的中国式英语呢？你这英语也太差劲了吧。

没出国前，我就知道"好好学习，天天向上"并不是 good good study and day day up。我之所以在信中和在美国出生的孩子提这个，这显然是一句玩笑话。中国人不挺幽

---

① MLA：全称 Modern Language Association，美国一种常用的引用文献格式。

默的嘛，这么明显的玩笑，怎么会看不出来呢？我用中国式英语幽了一默，我的孩子倒是高高兴兴地买账了，旁观者却拿起了放大镜。我这人胆儿特小，一旦被网友们用放大镜监督，我的心就会咚咚咚咚跳个不停。不是激动，是紧张的。

中国式英语在美国没市场，对此我深有体会。你信吗，我比任何人都痛恨中国式英语。最明显的例子是，我在中国能听懂中国英文老师的英文，但到了美国就不灵了。学问深厚的中国英语老师这么说，美国文盲却那么说。一时间，在美式英语的光照下，中国英文老师一肚子的洋码子，马上就黯然失色了。再比如说，中国英语老师不辞辛苦教给我的很多语法，我在美国根本就用不上。而美国人天天唠叨的大大咧咧的英文，我在中国却从来没学过。啥叫文化休克，这就是。

简单举个例子，说说中国式英语的复杂和厉害吧。在国内时，我学过"到达什么什么地方"的句型。我的几位英文老师多次语重心长地教育我，如果你到了小地方，要用 arrive at，如果你到了大地方，要用 arrive in，注意啊，at 和 in 是不一样的。等我到了美国之后，想用这个句型表达"我到了美国"的时候，美国人却面面相觑，他们根本就不知道我在说什么，还差点儿把我误会成火星人。

我冥思苦想了很长时间，也没搞懂中式英语和美国英语的巨大差距到底来自何方。或许这种说法是书面语？或许这种说法是美国十八世纪的口语常用表达法？反正在今天的美国，这个句型我基本没听到过。如果想表达谁谁谁到家了，美国人特别懒，他们根本不会考虑该用 arrive in 还是 arrive at，只用三个字，回家的信息便人尽皆知了：I am home（我回来了），Dad is home（爸爸到家了），Mom is home（妈妈到家了）。

在中国时，我的英文老师反反复复告诉我们，home 是副词，house 才是名词。按照中国式的语法教育，I am home 是错误的。而这个错误，美国人却天天唠叨个没完。美国人犯了如此大的语法错误，我和谁讲理去？其实咱就是一凡人，又不是什么语言学大师，咬文嚼字有什么必要呢？入乡随俗，忘了语法，忘了句型，才是硬道理。

在美国飘了这么多年，我早就从文化休克中恢复过来了，实在不想再遭二茬罪了。您千万别怪我狂妄，在我出国二十多年后，如果国内哪位好心的英文老师想对我"诲人不倦"，我是可以不买账的。为什么呢？中国式英语在美国根本就吃不开。我已经身在美国了，再退回到中国式英语中去，脑袋没进水吧？既然我家在美国出生长大的孩子没抱怨我的英文，我就可以自信地肯定，我的英文和美国英语还是基本接轨的。否则，美国老师知道我在担心什么吗？美国税务官明白我为啥向他讨退税吗？美国医生知道我是头痛还是肚子痛吗？反正别人说啥都没用，我家的大学生才是我的美式英文老师。

68. 美国中小学家长必会的英文词汇

最近一篇网络文章爆料，80% 的中国家长赞同让孩子出国留学。这可观的数字，实在令人惊叹！虽然在美国某些的中小学里，会有一定范围的双语翻译，但这种翻译并不一定随处可见。所以中国家长掌握一些美国中小学的常用词汇，还是非常有必要的。下面的这些英文词，在美国学校使用率极高，属于你非会不可的词汇。

先说来美国学校上学，到底需要什么证件呢。申请美国中小学，大致需要这几种证件和材料：

（1）Utilities Bill

这是美国居民水电气账单的总称。上交这份材料的目的是，学校可以根据账单上的人名和地址，依此判定你家孩子是否属于学区内居民。美国没有户口本，这个账单似有户口本之效。

（2）Immunization Record

免疫证，是孩子入学绝对必需的材料。从大陆来的孩子，免疫证一定要有英文翻译，而且孩子必须在入学前注射过全部的疫苗。

（3）Parent ID

家长的身份证也是必不可少的，它用来证明家长和孩子的关系。驾照是美国人常用的身份证，没有美国驾照的外籍人士，可以用护照代替。

（4）Birth Certificate

在孩子的出生证上，除了有父母的年龄之外，它所提供的孩子生日，也是入学时必不可少的信息。美国很多州都把孩子的入学生日卡在了9月1号，这点和中国学校有类似之处。没有出生证的中国孩子，可以用护照代替。

有了上述四种主要证件，孩子入学便可轻松搞定。为了保证万无一失，家长最好和学校核实一下，是否还需要准备其他的额外材料。给孩子办好了入学手续之后，下面的这些单词就该派上用场了。

（1）School Supplies

学生需要买的所有文具用品，统称为 School Supplies。学校通常会在暑假前提供购买文具用品的清单，这个清单就叫 School Supplies List。在购买文具用品的商店，也会有这种清单供顾客使用。我们这里的学校，还有一种专向懒人家长提供的文具采购服务。只要向学校交一笔钱，孩子所需的所有文具用品，都会集中在一个大箱子里一次性发给孩子，大约35美元可以搞定。

（2）Home Room Teacher

班主任统称 Home Room Teacher。美国的中小学都有班主任，按照我家小学生的解释，班主任就是经常与我们形影相随的常驻老师（stay with us for long time 的 regular teacher）。

（3）Emergency Card

这是一种紧急信息卡片，上面填有若在紧急情况下，学校该和谁联系等信息。开学第一天，孩子们就会把这种卡片带回家，家长填好后让孩子次日马上带回学校。美国人防微杜渐的意识特别强，这个卡片你非填不可。

（4）Walker/Car Rider/Bus Rider

孩子们放学后，到底该怎么回家？孩子是和家长步行回家，还是坐私家车回家，或是坐校车回家？在开学第一天，学校也会发一种表格，让家长尽快填好，孩子次日交给学校。步行回家者叫 Walker，坐私家车回家者叫 Car Rider，坐校车回家者叫 Bus Rider。

（5）P.E.

P.E.是 physical education 的简称，意为体育课。P.E.在美国学校很受学生欢迎，这个词也会经常出现在孩子们的对话中。体育老师就叫 P.E. teacher。

（6）PTA

PTA 是 Parent Teacher Association 的简称，是学生家长和美国学校之间互助的一种组织。PTA 由美国家长组成，PTA 成员会帮助学校开展各项有益的活动。比如学校的书市，组织课外活动等，PTA 都会大大地介入帮忙。美国各个学校都有 PTA，这是一个你不能忽视的组织，美国设有专门的网站为这个组织呐喊，网址是 http：//www.pta.org/。

（7）Field Trip

美国学校经常搞开门办学，比如去博物馆、公园、动物园等处参观学习。这种在校外进行的教学活动，通称为 Field Trip。这种活动有些是免费的，有些需要交少量的费用。尽管是集体活动，任何学生离校外出，都需要家长同意签字。这种同意书叫 permission slip for field trip。注意，如果在外出活动那天，家长没有按时交上这份同意书，孩子是不能外出的，只能留在学校上自习。所以这个 permission slip for field trip 绝对不可忽视。

（8）After-School Activities

美国法律规定，十二岁以下的孩子不能单独在家。很多双职工为了安顿放学后的孩子，就把孩子直接放到学校的课外活动班里。After-School Activities，就是课外活动班的统称。课外活动似乎以体育活动居多，此外还有画画、钢琴、中文等兴趣班。美国公立学校是免费教育，但学校内的课外活动班是要收费的。

知道了上述这些必会的英文单词和相应的背景信息之后，小留学生的美国之旅一定会顺利得多一些。

另外，还有一些美国人表扬孩子的常用语：Great kids：好孩子；well-behaved：举止得体；polite：礼貌；courteous：为他人着想；enthusiastic：热心乐观；energetic：精力旺盛；never complained：从不抱怨；helpful：助人为乐等等。

69. 在美国，你必须要说对的一些英文单词

中国作家史铁生曾经把语言比作魔术师，他说："语言这个老奸巨猾的魔术师略施小计，就把一群安分和不安分的作家搞得晕头转向。"如果借用作家的句式，并把它稍微修改一下，用来描述留学生出国后的英语应用现状，就成了下面这样：英语这个老奸巨猾的魔术师略施小计，就把一群托福考分或高或低的留学生搞得晕头转向。

我刚到美国时，曾经修过一门英语写作课。当时班上的同学都是英文大拿，托福得 600 分以上的人比比皆是。最让人憋气的是，一位国内来的大学英语老师也在这个班上和我们一起学习写美国版的"八股文"。没办法，那位英语老师在国内学的是英式英语，到了美国，她的英式英语立刻进退两难。说到底，不管是英文老师还是皇阿玛，到了美国，你就得琢磨美式英语的门道，英式英语或者中国式英语再悠扬悦耳，也得被美式英语拉下马。

我在美国待了二十余年，对那些经常飘拂在耳边的英文，基本已经很熟悉了。在美国，你必须要说对这些英文单词，才能和对方沟通自如，否则就是对牛弹琴。

比如 Hot 这个单词，我们已经非常耳熟能详，以为它就是热的意思，其实它绝不仅仅是"热"的意思。曾经一位网友给我留言，分享了她刚来美国时，因为没弄清

楚 HOT 所有含义而遇到的尴尬事情："我刚来这里时，就因为误解 HOT 意思而弄出一个笑话，我有一位老美朋友，有天中午到我家，刚好是吃午餐时间，他不是很习惯吃中国菜，但他能接受中国的面，我准备为他煮面时，他来了一句：西西，我不喜欢吃热的面条！（Sissi, I don't like hot noodle），我有点懵了，心里想着美国人还真爱吃冻东西，连面都要吃冷的不吃热的，在我头脑里，hot 给我的第一个反应就是热的，结果特意为他煮了凉面，等他回到家，同是我朋友的他太太来电话，问我煮了什么东西给他吃，这才终于弄明白 hot 原来还有辣的意思，现在这个笑话已是跟定我，常被朋友拿来取笑我！"

如这位网友所言，hot 确实有"辣"的意思。虽然你可以用"spicy"表示"辣"，但喜欢用 hot 表示"辣"的地方，绝不少见。美国餐馆的菜单上，就常用 hot 这个字提醒顾客菜是辣的。除了"辣"，hot 还有两个其他常用之意。一是性感的意思，"hot girl"，可不是热或者发烧的女孩，而是性感的女孩儿。二是心中怒火如焚时，也可以用 hot 表达。比如"他的心里怒火中烧"（His heart was hot），是英文版《圣经》中的一个句子。

下面罗列的这些英文单词，并不是什么高深的密码。美国人几乎天天说、月月说、年年说这些英文小词儿。毫不夸张地说，即使是美国文盲，也能把这些英文单词说得如高山流水般的流畅。反过来说，如果你不会说这些词，你就看起来像个文盲了。

（1）Smart

为了表达"聪明"之意，我在中国学的单词是 clever。到了美国才发现，美国人很少说这个词儿，而用 smart 取而代之。Smart 可以用来夸大人，也可用来夸孩子。比如我帮我家小宝讲解代数之后，这小子就经常表扬我，mom, you are so smart。假如你和美国人聊天儿无话可说，那怎么办？使劲夸他孩子呗，Your kid is so smart。

（2）Kid

刚刚写出 Kid 这个词儿，那我就顺便说说它。美国人经常称自己的孩子为 kid，而不是 child。美国人通常都养好几个孩子，kid 的复数表达是 kids，用 kids 代替 children，也很经济，能省好几个英文字母呢。

（3）Pretty

夸女孩子漂亮，我们在中国学的是 beautiful。在美国，人们经常代替 beautiful 的一个小词儿是 pretty。比如我家小宝想讨好我的时候，经常会顺口来上一句，mom, you are so pretty。值得注意的是，pretty 也可以当做副词，用来表达某形容词的严重程度，pretty good（很好），pretty hard（很难），这些也都很常用。

（4）Optional

这个词也很常用，用来表达某件事可做可不做时的情形。比如在美国学校，老师给学生们布置作业时通常会有两种，其中一种是可做可不做的作业，不用上交，只是供学生们练习之用。这时候，老师就会说，this is optional, you do not have to do it。与 optional 相对应的一个词就是 mandatory，mandatory 就是必须要做的作业或者某件事。比如，丈夫要记住太太的生日，这就是 mandatory 的。

（5）Straightforward

别以为美国人都是谦谦君子，他们背后也爱议论人。当谈论一个人的性情时，straightforward 很常用，意为坦率、直接，暗指这人比较好相处。在中国时，我们学过相应的一个词儿是 frank。在表达坦率之意时，我几乎没听过美国人讲 frank 这个词。写到这，我顺便想起了《傲慢与偏见》这部小说，书中描写的二姑娘伊丽莎白应该就是 straightforward。

（6）Work out

锻炼身体是好事，为了表达锻炼之意，我在中国时学过的"锻炼"表达法叫 exercise。记得初中课文里是这样说的，we do morning exercise everyday（我们天天做早操）。这种"锻炼"的表达法，应该就是中国式英语了，虽然说得挺热闹，可惜人家美国人不用。老美用 work out 表达锻炼之意。我家大宝上大学之后，常在信里告诉我，妈妈，我今天又去做 work out 啦。

（7）Role model

Role model 是模范、榜样的意思。曾经有一位网友为

了表达"你值得我学习"之意,在我的博客中这样留言:
You are worth my study。挺漂亮的几个英文词儿,组合得也很完美,可惜这是中国式英文,你若一出口,老美肯定会懵。为了表达"你值得我学习"之意,美国人通常会这样说,You are my role model。

(8)Bathroom

出门找厕所,这事谁都避免不了。大家都吃五谷杂粮,找厕所很正常。美国的加油站和餐馆等公共场合,就是人们经常找厕所的地方。在美国找厕所,人们通常会这样说,where is the bathroom? 记住噢,这是一句特有用的话,否则你会急得团团乱转。我们在中国学的厕所是WC。我在美国这么多年,几乎没听谁说过WC。

(9)Express

这个词儿在美国的服务行业很常用,用来表达"快捷"业务。比如我们去迪斯尼游玩时,因为人潮如织,我们就买了一种叫"快线"的票。老美用 express 而不是用 fast 表达快捷之意。快信叫 Express Mail,等等。

(10)Fast

Fast 做形容词时,表示"快速"之意。在美国医院,fasting,则表示"禁食"之意。Fasting 这个词在美国医院太常用了,抽血化验前,一定要明白这个词的真正意思。

(11)Pop quiz

为了监督考核学生是否回家复习功课了,美国老师也

爱搞突然袭击，这种突然袭击式的考试就叫 pop quiz。来
美国留学的高中生们，亲爱的娃们，你们一定要警惕这
种 pop quiz 啊。几天前，我家二宝的英语老师就突然袭击
了一下他们，结果全班几乎全部覆灭，平均分只有 60 分，
最低分是零分。除了上述这些例子，美国口语中的小词儿
很多，需要留学生自己慢慢积累。因为这些单词特别常
用，来美国的中国孩子们就一定得熟悉这些词儿的正确使
用方法。

（12）Fair

Fair，公平与漂亮的意思。大约 100 年前，林语堂先生
把 fair play 翻译成了"费厄泼赖"。这四个中文字，经过
鲁迅先生的再次运用，变得格外耀眼刺目（鲁迅：《论"费
厄泼赖"应该缓行》）。

Fair play 的本意是，体育比赛或者其他竞技运动中光
明正大的竞争。在这里，fair 是"公平"之意。

Fair 这个词在美国很常见，尤其是孩子们打打闹闹
时，经常会有人冒出一句"it is not fair"（这不公平）。比
如我兴致勃勃去观看了小宝的体操比赛，却没能去给二宝
加油，二宝就可以用"it is not fair"表示一下很强烈的不满。
在职场中，如果老板对员工不能一视同仁，承受不公平待
遇的员工，也可以用"it is not fair"表达自己的不满情绪。
当然了，给老板提意见要慎重，千万别把这句话经常挂在
嘴边。

在美语中，Fair 主要表达"公平"之意，此意使用得如此广泛，这让人们几乎忘了 fair 还有另外一个意思，即"漂亮，美丽"之意。著名儿歌"London bridge is falling down"的最后一句歌词"My fair lady"，就是取自这个词的"漂亮"之意。

需要提醒读者的是，fair 虽然有"美丽"之意，但在美式口语中，很少有人用 fair 表扬女人的容颜。美国人赞美女人"漂亮"时，最常用的两个词是，pretty 和 beautiful。

"she is very pretty"或"she is very beautiful"（她很漂亮），简单易懂，也很常见。我几乎没听过美国人用"she is very fair"赞美女人的容颜。不过在美国文学阅读中，如果你看到"she is very fair"时，也无须感到奇怪。

一词二意，使用时切莫大意。尤其是初来乍到者，还是入乡随俗为好。赞美美国女人容颜时，使用 pretty 和 beautiful 为最佳选择，若你非要用 fair 这个词表扬美国女人的漂亮脸蛋儿，你一定要确保发音准确，否则美国女人可能会懵。

70. 高频使用，四两拨千斤的简易美式英语单词

美式英语中有很多特别简单的英语单词，如果咱们能把这些词应用得当，说话肯定会利索得多，和老美聊天儿

时，更能轻易融入他们侃侃而谈的交流中。有时候我觉得，英文很像个"势利鬼"，本来很简单的 26 个字母，它们却在美国、英国、澳大利亚等英语国家演绎出那么多的"习惯势力"和"混乱"。我们在中国学的英文，有些是英式的，有些是美式的。到了美国以后，如果你拿英式的英文和美国人套近乎，那肯定就不"灵"了。打个比方吧，即使在中国本土，也有着各地的方言，不同地区的习惯表达方式，也有天壤之别。比如异性间互相放电时，北京话叫"我爱你"，上海话叫"吾爱侬"，东北话叫"我挺稀罕你的"。如果你和我这个东北人说"吾爱侬"，我肯定会尖叫，这是啥意思呀。

就连汉语都如此，更何况是英文呢？学语言，既需要老师指点，也需要个人的修练。我很早就知道，为了迎合大众的出国需要，现在市面上的英文书车载斗量。刻苦学习啃书本是好事，如若同时能熟悉英文的习惯用法，往往能达到事半功倍的效果。以下这些单词，是典型的美式常用词。

（1）Sure

别看这个小词只有四个字母，但它的用处却很大。最常听到 sure 这个词，是在两人客套时。比如我去纽约唐人街给小胖妈买了一袋大红枣回来，她向我致谢说 thank you。如果我和小胖妈很熟，我就会简单说个 sure，表示没问题，不用客气。

Sure 的另外一个常见用途是用于句子中。如果你想表达对哪件事儿不清楚时，最好不用 I do not know，这种说法比较唐突甚至有点儿粗鲁。如果你能以 I am not sure 代替 I do not know，就会显得彬彬有礼多了。在讨论某件事的可能性时，美国人还经常用 "Are you sure？" 表示 "你肯定吗？"

（2）OK

这个简单的 OK，在美国使用频率非常高。美国人动不动就 OK OK 的，这和咱中国人说 "好好好"，"行行行" 差不多。在美国这个词天天听人说，在中国估计也很常见吧。以前常在网上看到这样的新闻，"中国，OK！"，新闻中还会配有国人和老外的合影，照片中的宾主双方统统做 OK 手势，作者试图用 "中国，OK！" 表达外国人称赞中国很伟大之意。

每当看到类似的新闻时，我不禁叹口气。国内的作者真是太抬高 OK 这个词了。在美国，OK 是个很口语化的词儿，像男人随意间哼唱的口哨曲，真不该用它来描述伟大的祖国，因为它太不正式，级别也不够。

OK 多用于如下几种情况。一，医生问候病人或者父母关心孩子时。比如今天我去洗牙，我的牙医就亲切地问了我一句："Are you OK, dear?" 在这种语境下，询问者在安抚被询问者，你没事吧，一切都正常吧。父母或者长辈也常用这句话关心子女或下一辈。二，别人因为冒犯了你的安全距离或者其他原因，向你说声"对不起"时，你简答一句"It is OK"，表示别在意，没关系。三，无奈选择时的一种让步。比如我儿子想吃麦当劳，我却给他吃土豆烧牛肉。我问他，吃土豆烧牛肉，行吗？我儿子明明不想吃牛肉，却又不想拒绝我，他就会无可奈何地来一句，It is OK。

（3）You are welcome

美国人挺喜欢讲究表面礼数的，thank you, thank you 几乎是随口而出。如果你在美国当了雷锋，别人向你致谢时，你就可以用 you are welcome 来回应对方，表示不用客气，你是受欢迎的人。

记得以前在国内学回应 thank you 的标准答案是，not at all。如果美国人向你致谢，你回应 not at all，估计美国人得愣怔一下。因为这种说法在美国实在不常见，我在美国这么多年，好像一次都没听到有人说这句话。能够代替 you are welcome 的另外两个表示方法是，sure 和 my plea-sure，分别表示没问题，我很愿意帮助你。

（4）Pee 和 Poop

这两个字在美国托儿所是高频用语。吃五谷杂粮的人，尤其是孩子，一定会经常上厕所的，因为孩子代谢快呀。中国小孩子初来美国时，如果想上厕所，虽然可以用"where is the bathroom"来救急，但有两个词特别短平快。这两个词儿在美国儿童当中使用频率超高：Pee 是小便，

Poop 是大便。

如果按照我们在国内学的正规英语，小便应该是 uri-nate，大便应该是 bowel movement。在美国，哪个孩子会这么正规呢，等把这些字都说出来，估计都来不及了。记住 pee 和 poop，就算给孩子找好了绿色通道。否则，如果表达不当，内急严重，孩子就很可能尿裤子啦。

（5）Due

毫不夸张地说，美国人还在妈妈肚子里时，就离不开 due 这个词。"Due day"即是预产期之意。对身怀六甲的孕妇，如果你能说一句，"When is your baby due？"（什么时候是孩子的预产期啊?）估计美国准妈妈们会感动大半天。

孩子生出来了，该上学了，要按时交作业了，还是离不开这个 due 字。美国学校的中小学老师在布置作业时，尤其是耗时较长的文字作业时，老师都会提醒学生，这个作业的 due day 是哪天哪天。在这里，due day 不是预产期了，而是上交作业的最后期限。

等孩子长大了，自己成家立业了，总要打理各种账单吧。这时候，due 又要开始大显其能。美国所有的账单都会有一个 due day，意为付账单的最后期限。如果你逾期没付账单，那就叫 over due 了。过期不付账单者，会有什么下场？准备挨罚吧。在很多账单上，经常会有 the amount due 字样，意为该付的款额。在饭店或者商店如果你用现金交款，收银员在找你零钱时，会有 the change due 字样，意为找给你的零钱数额。

sure, OK, welcome, pee, poop, due, 你都搞懂了吗？如果你感兴趣，不妨用这几个小词造造句子吧。

71. 记住这些 OUT，在美国你才不会被 OUT

如今 OUT 这词很常见。无论是在中国还是在美国，大家都怕 OUT，都怕落伍了。在美式英语中，OUT 是个常用字，尤其是它和一些词语组合的双字词，几乎天天在美国人的嘴里唠叨着。只有牢牢记住这些 OUT，在美国你才不会被 OUT。

（1）Time out

美国父母管教孩子时，并不一定非要大喊大叫。为什么呢？因为他们有惩罚孩子的绝招。这绝招就叫 time out。这个词组多用于托儿所老师和年轻父母管教孩子时。中文大意是：罚站，蹲墙根去，不允许你再玩儿了。

孩子在托儿所犯错误时，有些老师会用 time out 这种无声的惩罚让孩子知错或长记性。美国家长也会用这种方法管教行为不当的孩子。比如我家小宝四岁多时，就被我 time out 一次。有一天我把他关在无人的洗衣房里静思己过，十分钟后我才把他放出来，让他自己承认错误。

虽然 time out 比起大喊大叫来文明一些，但这种惩罚也需慎用。在孩子眼里，被老师或家长 time out 了，是一件不太光彩的事，就好像成人被判了刑一样。比如我家小宝虽然淡忘了许多童年往事，但他至今还记得被我 time out 那次，由此观之，time out 确实能让孩子长记性。

（2）Try out

美国人非常热衷于体育，很多美国家长会让自己的孩子从小就学篮球、足球、网球、游泳等。俗语道，养兵千日，用兵一时，美国孩子从小就玩命参加体育训练的最高目的是，希望上高中时能被选入学校体育队。

你会篮球？还是会足球？拿什么能证明你就是未来的姚明呢？是骡子是马，拉出去遛遛吧。这个挑选美国高中运动员的过程，就叫 try out。

Try out 过程非常严谨，家有高中生的父母们，一定要留意这个 try out 日程表，提前准备好各种表格，不要在 try out 前出差错。以我们学区为例，try out 时最常需要的材料是：体检表、家庭住址证明和孩子的出生证。比如我家二宝参加啦啦队 try out 时，差点儿因为不能按时上交体检表而被踢出局。美国电影《信任》（2011）的开场戏，就是女主人公参加美国高中排球队的 try out。感兴趣者，不妨看看这部电影。

（3）Check out

这个词组在美国实在是太常见了，意为结账、缴款等。我还是举例说明为好。比如你去图书馆借书，自己挑了一大堆书，最后总要找图书馆员办理借书手续吧。这个借书过程，就叫 check out。顺便说一句，借书叫 check out，还书当然就叫 check in 了。类似的过程，也适用于办理旅店住宿手续时，入住叫 check in，住了几天后结账时，就叫 check out。还有去商店买东西，最后缴款时，也叫 check out。

（4）Work out

上面已经讲过一次 work out 的含意，就是锻炼的意思，这与中国学校教的 exercise 虽然都有"锻炼"的意思，但用 exercise 表达锻炼更偏于中国式英语了，美国人基本不用。老美习惯用 work out 表示"锻炼"。

（5）Watch out

这个词组多在亲朋好友之间互致关心时使用。比如我们一家在中国过马路时，我就会特意提醒孩子们注意，watch out，小心路上的车。又比如我烧烤牛肉时，担心烤炉温度过高，烫了孩子们的手，我也会提醒他们，watch out。需要指出的是，不一定非要长辈对晚辈关心时，才用这个词。只要是提醒他人对某事注意时，都可以使用 watch out。

（6）Take out

这两个字是美式英语，但颇具中国特色。何以见得呢？人们从中餐馆或美国餐馆点外卖时，你就一定要会说，我要 take out，亦即外卖。民以食为天，喜欢点外卖的朋友们，别忘了这个词组。

（7）Get out

有的朋友希望我能教几句在美国骂人的话。来美数年，虽然我没用英语骂过人，但却知道有一个词组带有骂人的味道。这就是 get out，意为一边去，说得更狠些，就是滚一边去之意。

这个词组常在人们彼此情绪冲动时，情不自禁地脱口而出。比如我管教孩子时方法不当，激怒了他们的幼小心灵，孩子很可能就会来一句，get out，随后孩子们很可能会加一句，leave me alone，意为让我自己待一会儿。

无论亲友间怎么冲动，也不会造成什么严重后果。get out 就 get out 吧，大家都冷静一下，也没什么不好。对同事和老板，你可千万别用这个词组。即使对方再无理，你也不能用这种严厉的词组发泄情绪的不满，除非你想砸烂你手中的饭碗了。

（8）Churn out

这个词组在口语中不太常见，但它在美国文学作品中甚至是医学研究论文里却经常露面。比如我今天读美国医生协会杂志时，就看到了这个词组，意为肿瘤细胞大量生产什么什么毒素。除了"大量生产"之意，这个词组还有"粗制滥造"之意，比如某某诗人天天写诗挑逗异性，以致其粗制滥造的诗歌不计其数，你就可以说，He/She churns out poems every day。

　　语言作为一种交流工具，口语表达时，应该越简单越好。即使是汉语交流，我们不一定非要精通《康熙字典》或《说文解字》，也能达到妙语连珠、滔滔不绝地讲话的水平。由此推理，英语亦然。

　　比如有很多 GRE 得高分的留学生，初来美国时口语极其生涩。为什么会这样呢？因为上述这些常用的简单词组，根本就不会出现在 GRE 的词汇表中，而 GRE 考题里的那些词汇，美国人平时根本就不怎么说。这就充分解释了英语考试中的高分低能现象。上述这些常用语是留学生与美国人进行破冰之旅交谈时，突破尴尬局面的必会词，你一定要熟练掌握才好。

　　最后来个小小的考试吧。比如你的美国同事请假，说要带他的孩子去 try out，你明白他要去干什么吗？又比如你的邻居很不爽，因为她的孩子被托儿所阿姨 time out 了，你能理解她吗？

第九章

中美教育与文化差异的思考

72. 中国获诺贝尔奖的人少之又少的根本原因

这个题目很大，应该是专家学者们津津乐道的话题。身为旅居美国多年的华侨，在经历了两种不同的文化之后，我觉得我有话要说，而且是不吐不快。

我觉得中国人获诺贝尔奖的人少之又少的根本原因来自儒教。根深蒂固的儒教，营造了中国人的精神氛围。儒教对我们祖祖辈辈的影响，已经把我们塑造成了循规蹈矩的凡人。

儒教的两大核心是社会等级观念和孝心至上。在这两大核心的影响下，我们常听说的服从领导、孝敬父母、敬畏权威、都是儒教思想在我们生活和工作中的具体体现。由于儒教已经融入了中国人的血脉和骨髓，在上级和权威的目光之下，我们更多的是唯命是听，缩手缩脚，不敢挑战权威，不敢标新立异，因为这样，我们才会感觉到踏实和安全，并且心安理得。正是这种千年儒教潜移默化的渗透与浸淫，制约了中国人的想象力，也削弱了"草根"们的自信心。缺少想象力和自信心，任何异想天开的大胆思维都会停滞不前。所以中国本土获诺贝尔奖的人少之又少。

在时光流转的不同朝代，儒教像个身份不明的"黑户"，无论在哪个朝代，谁都可以拦住它，里里外外地"审问"它几句。秦始皇、汉武帝，都拿儒家思想说过事儿。

帝王将相一思考儒教，老百姓就不知道到底该往哪儿去。

实际情况是，中国人根本就不需要特别的修炼，就能把儒教思想融入自己的血液中了。我们的一举一动，一言一行，时时都在反映着儒家思想。比如说，为什么我们中国人爱交朋友？因为孔子在《论语》中告诉我们：四海之内皆兄弟。

即使我们到了美国，我们对孩子的影响也经常是儒教式的。为了解放思想，开拓进取，培养更多具有创新能力的孩子，中国人还需要摈弃儒教的糟粕，取其之精髓，或许这样，中国就会有更多才智卓越的俊杰在国际上大把大把地收获荣誉和奖项。

73. 中国的校服确实太严肃了

去年回国，我到我曾经就读的初中参观学习了半天。当与我同行的孩子们看到中国学生都穿着同样的校服时，他们惊呆了。在美国出生长大的孩子眼中，中国学生不分男女，全校同学都穿着同样颜色和样式的衣服，简直太不可思议了。

记得美国总统夫人到中国访问时，当参加接待任务的北京师范大学附属中学的中学生穿着校服亮相于公众视野中时，有人大胆发出了"中国的校服，太丑了！"的声音。更有一些中美学者就此引据论证世界各地的校服情况。

其实不用和其他国家比较，也不用拿任何数据支持自己的观点，只需考虑一下青少年的发育特点，我们就可以明白，过于严肃的校服并不利于孩子们的心理成长。爱美之心，人皆有之。爱美，是人的天性，没有人否定青少年爱美这个事实。校服压抑了青少年爱美的天性，不能说这不是一种遗憾。尽管支持校服的教育工作者可以列出一大堆校服的好处，但这些好处唯独没有考虑到青少年本身的心理诉求。所有列出的好处都是成年人一厢情愿的推理，遗憾的是，并没有哪种推理有足够的证据来支持。比如有一种论点说，穿校服的孩子思想单纯，不容易早恋。这种说法，只能安慰学生家长而已。面对穿着校服成双成对的孩子们，大人们又该如何解释呢？

自主选择能力的培养，是情商教育的重要内容之一。在中国的中小学教育中，在课堂上已经非常缺少让学生自主选择的机会了。比如，中国的高中选课基本是大锅饭，而美国高中的选课规模和大学选课已经相差无几。培养孩子们的选择能力非常重要，这就需要学校为学生提供尽可能多的选择机会。天天穿校服，无形中又让孩子们失去了一个锻炼选择能力的机会。上什么课不用选择，每天穿什么衣服也不用选择，孩子们的选择能力，到底该从何培养？

美国公立学校的学生们不穿校服，每个孩子的着装，都彰显着孩子的个性。服装的颜色、样式、品牌，都蕴藏

着一个个可供孩子们使用的选择机会。不仅如此，美国公
立学校还有睡衣日。每当睡衣日来临时，孩子们快乐得无
以复加。当孩子们穿着拖鞋穿着睡衣上学时，没有人会担
心孩子们会早恋。让孩子展示自己最轻松的一面，才是睡
衣日的主要目的。

我不会说中国校服丑，但我确实觉得中国的校服太严
肃了。穿着校服的孩子们，好像是被装进玻璃罐子里的花
朵，千篇一律的枯燥冰冷，让孩子们失去了应有的绽放与
活泼。如果非要让孩子们穿校服，至少男女学生应该有所
差别吧？

74. 中美学校课间休息的不同之处

我家小宝为《汉纳》杂志写的中美对比故事中，是这
样描述中美学校课间休息的不同之处。

中国学生和美国学生都喜欢课间休息，但中美学校的
课间休息的方式却大不一样。首先，在美国学校，你有选
择课间休息内容的自由。比如我们学校的学生可以玩儿各
种各样的球类（篮球、足球、橄榄球等），我们甚至可以
在操场上自由玩耍。这样的课间休息方式，让我们可以到
处疯跑，我们非常开心！

可是在中国，情况却大不一样了。去年我和姐姐与妈
妈回国度假时，我们参观了妈妈以前念书的初中。我妈妈

的同学现在是这所学校的老师。我们在课堂上听完课以后，课间休息时间到了。我发现中国的课间休息很奇怪，因为所有的学生排好队以后，整齐划一地走到一个有围栏的大操场内。然后中国学生开始随着音乐跳舞和做伸展运动。（译者注解：这位美籍华人孩子所描述的是中国学校的广播体操）

从我妈妈那里我得知，在她小时候，她的课间休息也是这样，排队，伸展，和同学说话。妈妈告诉我，当时她在课间休息时也不能选择各种体育活动。做完体操以后，他们只是坐下或者说话。中美学校的课间休息唯一相同之处是，二者都是三十分钟左右。只是在美国的三十分钟，你有更多的选择机会来决定玩什么。

75. 在美国长大的孩子体验中国式的敬酒经历

我家二宝为《汉纳》杂志写的文章生动描写了在中国式的敬酒过程中所感受的心理体验。

大概每隔一年，我和家人都会回中国过暑假。每次回国，我们都很开心。我们去不同的地方玩儿，我学了很多新东西。我们既参观了中国的著名景点，也到一些鲜为人知的小地方去旅游。所有的这些旅游经历都让我感到很快乐。

总的来说，中国人比美国人讲究正式的礼仪。具体来说，去中国的餐馆或亲戚家赴宴，比在美国要紧张多了。我，身为中国人的后裔，会比很多人更容易适应中国习俗；但作为一个外籍人，要想完全理解中国文化和礼仪几乎是不可能的。2011年我和家人回国时，我有过一次失败的敬酒经历。这次回国，我依然担心在某个正式的晚宴上，我还得向宾主们敬酒。因为我的中文口语并不能应用自如，敬酒时我总是惊惶失措，不知说什么才好。

这次我们回国六星期，假期已过了四分之三时，我很幸运一直没有人让我敬酒。可在中国逗留的最后几周内，难以避免的敬酒之事终于又来了。有一天，我二姑邀请我们和她的中国朋友们一起吃晚餐。身为中国人，他们都很懂敬酒之道。二姑让我站起来给大家敬酒，她认为，会敬酒是成熟和自信的表现。我一听，立刻愣住了。

在美国，从来没有人让我给谁敬酒。首先，我年龄不够，根本就不能喝酒；第二，对一个高中生来说，这种场合太正式了。一见此状，我紧张忙乱地让我的妈妈救我！虽然妈妈帮我周旋了一下，但她并没有免去我的尴尬，也没有消除二姑对我的失望。我只好私下给二姑一个人敬了酒，尽量打发这个难堪的场面。最后二姑还算满意，不再责怪我了。

又过了几天，妈妈、弟弟，还有我，又被邀请去姑姑家聚餐。唉！敬酒的事儿又来了。我们每个人的酒杯里都有酒，临到让我给大家一一敬酒时，我心里悄悄地

说，这里都是家人，快点儿结束敬酒吧。我总觉得，我
是否给大家敬酒，从长远来看，对他们并没有什么意义。
尽管我是这样想的，我还是站起来，给每一位叔叔、阿
姨和客人敬酒。

当我给二姑敬酒时，我向她表达了我诚挚的谢意，并
感谢她对我的慷慨帮助。当时我没有告诉她，但现在我觉
得我应该让她知道，我感谢她使我明白了一个事实：让一
个在美国出生的华裔在中国文化中生存，是多么的困难重
重啊！

76. 美国华二代的身份困惑

我家大宝为在《汉纳》杂志的约稿文章中深刻地剖析
了美国华二代的身份困惑。

从我初抵美国俄亥俄州的首府哥伦布时起，周围的一
切全都是人们所谓的"白色"。也就是说，这里几乎没有
种族多样化，都是白人的世界。和我家的居住地相比，俄
亥俄的一切对我来说真有点儿意外。我家在美国马里兰州
已经生活了快十年，已经习惯了我们那里无处不在的各种
世界风味的商店和餐馆。虽然我的大部分朋友都是亚洲
人，我自认为我的政治观和文化观很符合美国马里兰州当
地居民的主流。虽然美国城市间的差别对我来说不是大
事，但我确实需要适应一下。

在俄亥俄州的哥伦布市，我刚和我的室友们相遇时，我马上就知道了我和她们之间有很多不同。她们都是美国白人，爱玛生于俄亥俄州的一个小城市，爱丽斯则来自弗吉尼亚的一个小城。由于地区限制，她们很少接触世界上的各种不同文化，这相应地也就限制了她们的一些思维。不过让我感到轻松的是，她们两人都很礼貌善良，我们已经成了好朋友。

在开学欢迎周期间，我们宿舍楼的每间宿舍都敞开大门，好让路过的人能进来看看并相互打个招呼。我非常清楚地记得有一天，当我坐在自己书桌前时，有两个男生敲门进来并主动自我介绍。虽然我们打招呼时的具体对话有些淡忘了，但随后发生的事情却令我难忘。

"你的英文说得挺好（You speak English very good）"，当其中的一个男孩这样评价我的口语时，我却吃惊地盯着他，并在考虑是否要纠正他的语法。另外一个男孩继续问道，"你是在这里出生的吗？"这两个男孩误以为我是从中国大陆来的留学生，他们只是很好奇，并夸赞我英文说得好。他们的评语让我意识到，我已经不在那些能经常看到外国人的美国群体之中了。

随后，有一位中国留学生来到我们宿舍，向我和我的室友表示，她在考虑搬到我们宿舍的空余位置来。对此，我并没想太多。不过，当这位中国女留学生离开后，我的两位美国室友开始抱怨这个人了。"我不想让这个中国学生住进来"，爱丽斯抱怨说。"我不喜欢中国室友，她们很怪"，爱玛也跟着随声附和。

本身作为中国人，我赶紧请她们澄清一下她们到底是什么意思。"你不是真正的中国人。因为你在美国出生，你的言谈举止和中国留学生不一样。"爱玛以轻松随意的口气解释道，因为她不想让我觉得不舒服。这时我们邻舍的一位美国学生也进来插话说，"我讨厌我们宿舍的中国留学生，她有点儿可恶，也不爱讲话。"后来我们宿舍的爱玛总算松口气，因为那位中国留学生没再回来找我们。虽然如此，这几位美国学生对中国学生的评价，却让我感到很不舒服。

生活在俄亥俄州，确实需要我适应诸如此类的尴尬，同时我也从我的朋友身上学到了很多新东西。比如俄亥俄州的"最甜日"，它很像情人节，但却在秋天的湖边庆祝。这个节日对我来说，就是一件新鲜事。我在俄亥俄州读书期间，也慢慢习惯了当地的饮食。尽管我最终转学离开了俄亥俄州，但在这里的学习和生活经历让我永生难忘。

77. 美国人在哪些方面比我们做得更好一些？

（1）美国人爱阅读

我经常需要去社区图书馆看书以应对考试。到了图书馆以后，备有几百个停车位的停车场，被挤得满满当当，我总要为找到一个停车位而转来转去，备感窘迫，我也只能在离图书馆大门最远的地方勉强把车停下。晚饭后的美国人到图书馆去干啥？肯定是去借书或者读书吧。美国人爱读书，以此可以证明了吗？

看一个国家的国民是否爱读书，肯定不能到大街小巷上去调查。私人书斋、公共图书馆，那才是正儿八经的读书处。美国社区图书馆到处都是，这些图书馆除了满足大众的读书需要，同时对大众的阅读也有督促作用。

无论在我生活过的哪个城市，爱阅读的美国人，总能抓住我的视线。在餐馆，咖啡店，游泳池边，海滩上，我总能看到沉浸于书本中的美国人。这些爱阅读的美国人，不一定是大学教授或者文科生。哪怕只是个照看孩子的家庭妇女，她也可能是个书虫。美国人爱阅读的良好习惯，和美国中小学鼓励学生阅读是分不开的。从小就爱读书的孩子，长大以后看到好书，能无动于衷吗？正因为美国人爱阅读，社区图书馆里的美国人总是络绎不绝。

和美国人相比，咱们中国人书读得少，并不意味着咱们中国人不如美国人。中国社区图书馆不发达，社会没有读书环境，个人没有自主读书意识和需要，这都是中国人读书少的原因。读书能开阔人的视野，能提升人的思考能力，这是阅读的基本益处。有余力，则读书，没什么不好。

（2）美国人爱运动

美国最著名的连锁健身馆 YMCA，是美国人经常光顾的室内活动场所。爱运动的美国人，不一定非得是富翁。平民也能享受健身，老百姓也能打高尔夫球，蓝领工人也能洗桑拿，这是美国全民健身的一大特色。此外，在无数大大小小的户外公园，美国人或步行散步，或跑马拉松，或打网球踢足球，运动的快感，让美国人时常面带笑容。

（3）美国人爱做义工

所谓的义工，就是我们中国人常说的义务做好事。有很多不同种类的义工，天天活跃在美国的各种机构里。最常见的义工，就是美国家长在美国中小学里帮学校义务做事。我们这里的美籍华人医生，每月都有免费诊疗日，身为医生的义工，会免费为没有医疗保险的患者服务。能舍得花费自己时间做义工的人，即使不是完人，也会是心存善意有爱心之人。

以上三大因素，应该是塑造美国人性格和公民素质的主要力量，美国家长在培养孩子品格的过程中，基本也离不开这三个方面。比如在一个爱读书的国度里，喜爱运动，并愿意助人为乐的人，如果看到老人跌倒了，怎么会没人扶？无论如何，就美国而言，我们若能去其糟粕，取其精华，糟粕为我所弃，精华为我所用，取其之长，补我之短，美国的文化，有些还是值得我们借鉴的。

作为一名普通的海外游子，我盼望着，中国的家长引导孩子们多读好书，从各方面培养孩子的综合素质。可爱的女孩们不要为了一个 LV 包就"奉献"自己的身体。祖国的花朵们不要动不动就跳楼，以死抗争应试教育。我殷切盼望的，不仅仅是国力的强大，而是人们心理素质的逐步提升，也是孩子们内心的愈加强大。

78. 中国父母到底输在了哪里？

我曾经写过一篇文章《中国孩子和美国孩子的最大差别是什么?》引起了网络和平面媒体读者的广泛关注。这篇文章的中心思想是，美国孩子比中国孩子更加能言善辩，爱笑，自信，乐观。美国孩子之所以会如此，这和美国的家庭教育是分不开的。对比完中美孩子，现在咱们再来比比中美父母的差异。根据我自身的经历和我对中美文化的观察，我觉得中美父母的最大差异之一，就是针对孩子阅读课外书所秉承的态度。

记得我上中学时，我特别喜欢读点儿闲情逸致的课外读物。文学经典和鲁迅全集谈不上，但即使读读像《大众电影》这样的普通读物，我都要偷偷摸摸地进行，我的同学们也有类似的经历和体会。在我们的父母眼中，只有"学好数理化"，才能"走遍天下都不怕"，中国家长对应试教育的重视由此可见一斑。在中国父母看来，只要是和考试无关的书籍，统统都属于闲书，闲书都可以不看。孩子看闲书，就是在浪费时间，就是要输在起跑线上。

现在的中国家长比当年的家长可能会好些，尤其是如今琳琅满目的各种青少年读物，吸引着家长和孩子们的视线。今天这些青少年的精神食粮，到底有多少父母能鼓励孩子们去大胆地享用呢？回国时，我悄悄观察过几家孩子的书架。这些家庭或者是高级知识分子，或者是企业家，应该说都属于国内的成功人士，他们的家庭教育应该有一定的代表性。我吃惊地发现，有的家庭根本就没有孩子的书架，有的家庭书架上的儿童读物寥寥无几，仅有的几本书还是以怎么进哈佛、怎么发财、怎么成功这样的题材为主。此情此景，让我不禁感叹，和美国父母相比，有些中国父母是输了！输在哪里？这些中国父母输在书架上了！在很多家庭，室内装潢美不胜收，唯独缺少为孩子提供知识的大书架。

美国家长对孩子读书的重视，有些让人难以想象。如果你走进美国任何一家的社区图书馆，你就会找到答案。应该肯定也值得赞扬的是，美国社区图书馆对鼓励美国孩子多读书，起到了不容忽视的积极作用。在美国普通的图书馆里，各种各样的读书单，形形色色的读书报告会，作家签名售书等活动非常普遍。在这样的图书大环境下，再加上美国学校的正面引导，不爱读书的美国孩子比较罕见。当你看到美国家长带着孩子去图书馆借回一袋子一袋子的图书时，你就会明白美国孩子为什么能言善辩了。美国孩子闲书读得多，视野辽阔，词汇丰富，说话时自然而然就会有滋有味了。

读闲书到底有多重要？很多名人都论述过读书的重要性，在所有的名人论读书名言中，我最喜欢的应该是培根的论述："读史使人明智，读诗使人灵秀，数学使人周密，科学使人深刻，伦理学使人庄重，逻辑修辞之学使人善辩；凡有所学，皆成性格。"名人的观点，一目了然。那就是，不同类别的书籍，能让人有不同方面的醒悟，读书可以塑造人的性格。由此可见，鼓励孩子博览群书，应该是每位家长为孩子做的一件大事。

有的家长可能会说，孩子太忙了，确实没时间读太多的闲书，该怎么办呢？我的看法是，那就为孩子精选几本好书吧，最好是不同类别的。根据我的观察，很多中国家长比较爱买成功书籍，尤其像怎么进哈佛这种图书，多年来一直很有市场。如果把书籍比作粮食，这种如何考取哈佛的书，我觉得应该属于零食，而不应该成为孩子们阅读的主流图书。为什么呢？并不是你读了如何进哈佛的书，就能进哈佛的。与其让孩子亦步亦趋地追寻别人家孩子的成功轨迹，还不如在精神上塑造一个发奋图强的独立自我。

让孩子读书识理，增加词汇量，这是读闲书的一大目的。中国没有宗教教育，孩子们的内心世界需要一种积极向上崇高境界的激励。在这种情况下，读诗，不仅使孩子灵秀，也能在潜移默化的熏陶中，净化孩子们的心灵，教给他们做人的道理。一提诗歌，大家想到的就是唐诗三百首。其实不一定是这样的，那些西方哲理诗，既短小精悍，又不费孩子们太多的时间，多好啊。如果我的孩子在中国忙于应试教育，我一定会多买几本优秀的诗集送给他。

美国白宫曾经举办过一个诗会，美国总统奥巴马的即席讲话，道出了诗歌在生活中的无限魅力："我们今晚相聚在这里……为的是强调艺术在我们的生活中以及在我们的国家中的重要性。我们在这里体验诗句和音乐的力量：帮助我们欣赏美，还帮助我们理解痛苦；促使我们奋起行动，也在我们开始气馁时鼓励我们继续向前；使我们脱离庸碌的日常生活——哪怕只是短暂的瞬间——开阔我们的心胸，充实我们的情感。"哪怕是短暂的一分钟，孩子就能读一首诗。世上最廉价和最宝贵的投资，不过如此吧？

具体到我个人，在我的家里，我是大力鼓励孩子们读闲书的。越读书，孩子们的阅读速度会越快；阅读速度越快，孩子们就越爱读书。我家除了有孩子们的书架，我还会把一些经典的好书推荐给他们看。有时候，孩子会由着个人的兴趣，不爱读那些经典好书，尤其是我家十岁的男娃娃，他最爱看那些冒险和打打杀杀的读物。在这种情况下，我会随从他个人的意愿，同时还会为他加一些来自好书的营养餐。为了给孩子加油，我最近爱上了美国儿童读物。我先读读，然后再给孩子们讲故事情节，把他们的兴趣提起来，他们经常会主动说，妈妈，这本书这么好，我也要读读！家长和孩子共享一本书，也是一种好办法。

和我的父母相比，我对我的孩子们当然要开放得多。除了鼓励他们读闲书，我还给孩子们订了一些杂志。经过了解，我知道我的三个孩子都爱看的大众杂志是美国的《人物》（PEOPLE）。这种杂志有明星和电影消息，也有一些社会消息。只要我的孩子们爱看，我绝对不干预。常有人说要了解美国的人文，《人物》里面就包括了很多人的因素。设想一下，如果在一个大众聚会的场合，当大家天南海北聊天儿时，假如我的孩子连美国著名的娱乐明星都不知道，我该多么惭愧呀。所以，除了让孩子学知识学文化，偶尔也要让他们了解一些娱乐明星新闻。

总而言之，鼓励孩子在力所能及的条件下多读闲书，将会让孩子受益终生的。一个爱读书的人，不仅说话有腔调，不枯燥，从书中慢慢汲取到的营养，也能把我们的心灵滋润得更加丰富多彩。美国孩子的能言善辩，或许我们一时半会儿学不来，但美国孩子爱读书的好习惯，只要我们允许孩子多读书，马上就能做到。可以想象，当阅读成为国民的一种习惯时，这个国家就会减少些许浅薄和浮躁，增添一些积淀和沉静。书籍是没有苦味的良药，中国父母们，别再输在书架上了，鼓励孩子多读书吧！

结束语：

中国学校无法复制美国教育

　　尽管有大量的文章和书籍在介绍美国教育，也有相当一部分的学者和普通家长在中美教育之间做着比较，可无论大家如何努力，悲观地说，这一切的对比和思考基本都属于纸上谈兵。不可置辩的事实是，中国根本就无法复制美国教育。为什么会这么说呢？有句话说得好，事实胜于雄辩，我用一些简单的事实来说明这一看似普通但却蕴含了很深刻寓意的问题。

　　比如说，我们都觉得美国中小学课堂教学灵活，而中国课堂相对死板。美国学校的灵活教学，和美国学校的课堂设置大有关系。在美国中小学，每个班级的人数是 25 名左右，而中国学校的班级人数是多少？大概是美国课堂人数的两倍吧。美国课堂学生少，老师就有可能和学生有更多的机会互动，课堂教学也就相应地灵活起来了。而在中国，你让一个老师对付 50 多个学生，如果中国老师想和全班同学互动，一节课就那么点儿时间，一旦互动起来，估计老师就没什么时间讲课了。中国学校的课堂设置，决定了中国中小学的教学只能是填鸭式的，美国学校的灵活教学方式，在中国就很难行得通。

　　又比如说，美国中小学没有固定的教材和课本，美国老师布置的作业，经常要求学生去图书馆借书找资料。美国学校对教材的"大撒把"，和形形色色的美国图书馆有关。根据美国图书馆协会的统计，全美约有各类图书馆 12 万个，平均每 2500 人就有一个图书馆。其中公共图书馆 8956 个、大学图书馆 3793 个、学校图书馆 98460 个、特别图书馆 7616 个（包括公司、医学、宗教、法律、财经等图书馆）、军事图书馆 265 个、政府图书馆 1006 个。在美国，各类图书馆就是美国学生读不完的教材和百科全书。即使美国老师不用统一的教材，美国学生也可以在图书馆找到答案。请记住这个数据吧：平均每 2500 个美国人就有一个图书馆。这个数据，在中国无异于天方夜谭。中国社区图书馆的不普及，藏书有限的中小学图书馆又不能为学生提供所需要的书籍，这就决定了中国学校必须要用统一的教材。

再比如说，美国孩子普遍喜欢运动，而中国孩子的课外运动时间却很有限。中美学生之间在运动方面的不同，主要来自两方面的原因。一，和美国的小学生和初中生相比，中国孩子的作业量大，这就决定了中国孩子在课余时间的主要任务是应付作业，换句话说，中国孩子没时间搞什么课外运动。二，再换个角度说，美国孩子爱运动，这和美国社区公园的设置有关。在美国，公园不仅仅是消遣散步和赏花观草的地方，至少在我们这里，一年四季，社区公园都有为孩子们安排的各种课外体育活动。比如我的孩子们就在社区公园学过打网球，学过划船，学过踢足球。参加这种社区公园的课外活动，不仅离家近，因为居民纳税的缘故，学费也低廉，并且注册也很便捷。社区公园的各种体育活动，一年四季都有专门的活动预告和介绍。在报名前后，课外活动的小册子会及时寄到每个居民的家中，以利于家长和孩子们作选择。值得一提的是，这样的社区公园，并不是美国大城市的专利。在我们居住的小镇，孩子们都能享受到社区公园丰富多彩的课外活动。在中国，能有多少这样的公园可以为孩子们提供这种离家近且价格低廉的运动场所呢？

又比如说，美国孩子的道德教育可以通过校外活动来完成。教堂，童子军，女童军，都可以向美国孩子灌输各种优秀的为人品质。即使美国学校不上政治课，不学白宫文件，美国孩子也会在校外的各种活动中得到人生的指导。宽容，诚实，有爱心，尊敬并服从父母，这些品质是教堂的宗教教育中经常讲述的内容。吃苦耐劳，对人有礼貌，助人为乐，善于和他人合作等等，是童子军和女童军需要习练的本领。美国孩子在这样的校外德育教育中，通过日复一日的熏陶，至少会达到聊胜于无的效果。众所周知，宗教和男女童军在中国根本就没有市场，美国课外教育中的这部分，中国完全不能复制。

通过这些简单的对比，我们会发现一个基本的事实：在德智体几方面的训练，中美孩子经历的过程都不一样。中美教育的不同方式和结果，造就了外在和内心都不一样的孩子。比如某些中国孩子从小就知道长大以后挣大钱买豪宅，而某些美国孩子从小就希望长大以后去非洲帮助难民。美国孩子运动时间多，性格开朗，也爱笑。而中国孩

子在大量作业的压力下，内心紧张，难展笑容。在不同的
教育体制下，中美孩子的世界观也不一样，他们对待生活
的态度也就相应地有所不同了。比如几乎没有哪个美国孩
子会因为没考上好大学而选择自杀，即使是社区大学里的
美国大学生，他们也不会觉得自卑。诸如此类的例子说
明，中国学校根本就无法复制美国教育，我们也就不能期
待在中国的大地上把中国孩子改造成美国孩子的模样。和
美国教育有关的所有信息，只能供中国家长和教育工作者
参考。教育离不开社会这个大环境，只要社会环境不变，
中国的教育就很难有什么突破性的改变。立足本国，借鉴
美国教育中的积极因素，才是比较现实的做法，让中国学
校复制美国教育，只是个完全不可能的梦想。

致　谢

　　首先我要特别感谢出版社编辑给了我这个宝贵的机会，让我能够在大洋彼岸遥望祖国，思考令大家共同关注的中美教育。

　　在完成这个书稿的过程中，我一边在美国汉纳传媒集团做着网站和杂志编辑的工作，一边重返大学校园圆我的文学梦，同时我还在暑假参加了美国大学的中文教学工作。更重要的是，在我准备书稿的整个过程中，我和我的三个孩子一直保持着健康的对等的交流关系。

　　在本书的几十篇文章中，我把自己的工作、学习、教学和家庭教育中的点点滴滴都糅在了一起。在这本书里，我收录了我的三个孩子为美国《汉纳》杂志撰写的专栏文章，我也精选了我的美国学生对中国小留学生现象的关注。令我感到欣慰的是，在书稿准备的后期，我以优异的成绩完成了美国"儿童文学"的大学课程。于是，我用我在美国课堂上获得的最新知识，继续充实我对子女读书的深度思考，并把这种思考记录在本书中。

　　为此，我首先要感谢一直支持并鼓励我的三个孩子。无论是对我的编辑工作还是对我布置他们的写作任务，他们总是高高兴兴地支持我，并书写着他们心中最真实的想法。其次，我要感谢我的几位美国学生，感谢他们能和我分享他们对中国小留学生现象的看法。最后，我要感谢我的几位文学老师，我要尤其感谢我的"儿童文学"老师Angela Wood 女士。她不仅向我传授了很多知识，她更让我重新认识了母校的价值。因为她是我在俄亥俄大学的校友，她的严谨与博学，时时提醒着我，要永葆母校传承的积极向上的精神。

　　我还要特别感谢美国汉纳传媒集团的总裁罗玲女士，感谢她对我的信任和支持，感谢她鼓励我的孩子们在《汉纳》杂志上书写他们对中美文化与教育的思考。

　　如果没有我的夫君为我提供的安静生活，我就无法认真书写我的书稿。因此，我要把最深的谢意献给他。

　　　　　　　　　　　　2014 年 12 月 16 日
　　　　　　　　　　　　美国巴尔的摩